ENTREMOS EN EL SILENCIO

Caminando Hacia la Verdad

Selección de Conferencias de

NEVILLE

Traducción de

Marcela Allen Herrera

WISDOM COLLECTION
PUBLISHING HOUSE

Wisdom Collection
McKinney, Texas/75070
www.wisdomcollection.com

Caminando hacia la verdad/ Marcela Allen.
ISBN 978-1-63934-027-9

CAMINANDO HACIA LA VERDAD

Volumen de la serie
"Entremos en el Silencio"

Esta edición contiene una colección de conferencias realizadas por el gran místico, Neville Goddard, en el año 1959. También se han incluido tres conferencias donde no se especifica la fecha en que fueron realizadas, ya que no se encontraba en los archivos originales, pero sin duda, serán un gran aporte para una mayor comprensión de estas valiosas enseñanzas.

Visítanos en Neville-espanol.com para una lista completa de nuestros libros y también para leer online.

CONTENIDOS

1

EL ARTE DE MORIR

23-03-1959

Si estás con nosotros por primera vez, esto es lo que creemos y enseñamos aquí: Creemos firmemente que el individuo puede realizar cada uno de sus sueños, y la razón de esto es porque Dios y el ser humano son uno. Creemos que la diferencia no está en la mentalidad con la que operamos, sino solo en los grados de intensidad del propio poder operante y eso que llamamos la imaginación humana.

Keats dijo: «Puedes tomar cualquier gran pasaje espiritual y te servirá como punto de partida para llevarte a los treinta y dos palacios. Tomemos uno sencillo de las cartas de Pablo a los Corintios: "Muero todos los días"»; o la declaración de Blake en su carta a Crab Robinson: «La muerte es lo mejor en la vida. No hay nada en la vida como la muerte, pero la gente tarda tanto en morir. Al menos sus vecinos nunca los ven levantarse de la tumba».

Si entendieras a Blake, no pensarías en la muerte como el mundo piensa en la muerte, sino que verías que nadie puede crecer sin superarse. Pero las personas no están dispuestas a superarse, sin embargo, quieren otras cosas diferentes de las que tienen. No obstante, si permaneces en un estado, siempre tendrás que sufrir las consecuencias de no estar en otro estado.

Si permanezco en el estado de la pobreza, debo sufrir las consecuencias de no estar en el estado de la riqueza. Entonces, debo aprender el arte de morir. Pablo dice: "Muero todos los días". Blake dice: "La gente tarda tanto en morir". Las personas no dejan atrás su estado de mala salud o su antiguo trabajo o su entorno. Debemos aprender el arte de morir, esta semana es la gran muerte, y se nos dice que Dios muere para que el ser humano viva.

Decimos que la Imaginación de Dios y el ser humano son uno, no importa lo lejos que llegue. Los universos son creados y sostenidos por el mismo poder que sustenta nuestro entorno. Decimos que el poder es el mismo, pero reconocemos una gran diferencia entre el poder que sustenta el universo y el que sustenta un entorno. La diferencia está solo en el grado de intensidad del centro de la imaginación. Por lo tanto, si aumentamos la intensidad en el centro de la imaginación, crearemos cosas cada vez más grandes. Entonces, veo mi sueño y debo aprender a morir a lo que soy para poder vivir a lo que quiero ser.

Ahora bien, veremos el significado místico de una muerte en la Biblia, la muerte de Moisés, una historia familiar para todos nosotros. En Deuteronomio treinta y cuatro se nos dice que Moisés sale de la tierra de Moab y luego escala el monte de Nebo, va a Pisga, observa Galaad y finalmente mira hacia la tierra prometida de Jericó. Pero el Señor le dice: "Te he permitido ver la tierra, pero no pasarás allá". Entonces Moisés muere. El estado actual no puede llevarse a lo nuevo; tiene que morir como consecuencia de lo nuevo que ha cobrado vida. "Pero sus ojos nunca se oscurecieron, ni perdió su vigor". Y nadie conoce su lugar de entierro.

Primero, recuerda que todos los personajes de la Biblia tienen lugar en la mente del individuo. Yo soy Moisés, tú eres Moisés. Significa "levantar" o "sacar". En el principio mismo de la historia, se nos dice que lo sacaron de los juncos. La palabra "Moisés", en hebreo "Moshe", deletreada al revés en el hebreo antiguo significa "el Nombre" (HaShem) o "Yo Soy". De modo que estoy sacando de mi propio ser, o del Yo Soy. Moisés viene de "Mo ab". Esto proviene de dos palabras hebreas que significan "Padre-madre" o "matriz". Luego escala el monte de Nebo, que significa "profetizar", o que representa el estado subjetivo que anhelo.

Yo profetizaré para ti o para otro. Distingues el anhelo de una persona. Si anhela algo significa que no lo tiene, de lo contrario, no podría haber anhelo. Pero Moisés sube a Nebo, es decir, participa de ver el estado anhelado. Distingo algo que implica que soy la persona que quiero ser. Yo escalo el monte. Luego viene Pisga, que significa

3

"contemplar". Yo contemplo lo que quiero ser. Luego ve Jericó, que significa "un olor fragante". Contemplaré el estado deseado hasta que tenga el sentimiento o la reacción que me satisfaga. No solo he escalado a Nebo, sino que he llegado a Pisga y he mirado hacia Jericó. Estoy lleno de la emoción que implica que el acto se ha completado. Luego está Galaad, que significa "colinas de testigos". Entonces yo, como Moisés, muero. No puedo ir a la tierra prometida y nadie puede encontrar dónde estoy enterrado.

¿Qué significa? Si estoy preocupado y agobiado por la pobreza y luego me encuentras y me ves feliz, y tan libre como un pájaro, significa que yo no soy el hombre preocupado que tú conocías. Entonces, ¿dónde está enterrado ese otro hombre? Porque Moisés es el poder en el hombre (hombre genérico, hombre-mujer) para sacar de sí mismo todo lo que desee en este mundo y para representar el drama, de modo que muere a lo que era para que pueda vivir de acuerdo con lo que está representando. Ese es Moisés, y nadie puede saber dónde está enterrado. Pero se nos dice: "No se habían apagado sus ojos, ni había perdido su vigor". Es decir, cuando muero es cuando represento el drama. No espero a que aparezcan las señales; cuando soy más consciente de mis restricciones y siento las presiones, entonces es cuando debo aprender a morir. Debo aprender a dejar ir lo que dictan mis sentidos y ceder a lo que es solo un sueño. Pero sosteniéndolo y viviendo en él, muero a lo que físicamente era real mientras levanto gradualmente lo que solo era el sueño. Tú solo conocías al hombre preocupado y no al otro. Nadie puede decir adónde se ha ido el otro.

Así es como el arte de morir es dramatizado en la Biblia como la muerte de un hombre. Pero no tiene nada que ver con ningún hombre, porque la historia de la Biblia tiene lugar en la mente de cada persona. Me crucificaré a mí mismo, porque Dios se crucificó a sí mismo en mí para que yo pudiera vivir. Pero ahora debo clavarme en lo que deseo y levantarlo, permaneciendo fiel a ello. Como Dios se clavó en mí (el cuerpo actual) está creyendo ser un hombre llamado Neville, dándole a Neville el mismo poder que es suyo, pero en tono bajo, con la esperanza de que yo levante el poder a cosas más grandes en mi mundo, a las cuales pueda clavarme y así levantarlas. No hay posibilidad de que el individuo haga vivir su sueño a menos que se clave en esta cruz que es el ser humano. Vivimos porque Dios se clavó en nosotros. Ahora el ser humano, en tono bajo, cediendo a otros estados y no a lo que dictan los sentidos, se vuelve uno con el estado y se clava en él (se fija en el estado a través de la emoción y el sentimiento) y luego será levantado.

La crucifixión viene antes que la resurrección. La crucifixión sin resurrección sería inconcebible; sería el triunfo absoluto de la tiranía. Si pudiera entregarme a mi sueño y no se hiciera carne, sería una completa tiranía sobre este maravilloso concepto de vida. Pero no puedes fallar si te entregas. Si te reprimes dentro de ti mismo, preguntándote "¿Qué voy a jugar como mi última carta si esto no funciona?" entonces, no te has entregado, no te has clavado en ello. Es una completa entrega. Es el gran grito "¡Dios mío! ¡Dios mío! ¿Por qué me has abandonado?". Si sabes que eres Dios haciéndolo, puedes entregarte. Pero debe haber un total abandono como si fuera verdad y luego lo haces realidad. El costo es esa forma de abandono mental que Blake llama "locura". Pero la gente tiene miedo; no se atreve a entregarse a un sueño, de modo que nunca muere. Blake tenía razón cuando dijo: "No hay nada como la muerte: lo mejor de la vida es morir".

Muchas personas solo envejecen, pero nunca cambian interiormente. Solo maduran físicamente, pero no han muerto en el sentido místico. No hay poder transformador en la muerte física, ellos seguirán anclados en un mundo más grande, con todas las tendencias de este mundo. A nuestros sentidos, parecen estar muertos, no obstante, en otro plano tendrán que aprender el arte de morir. En cualquier lugar puedo desprenderme de lo que está sucediendo, puedo "morir" a ese estado. Así que cada pequeña muerte es el levantamiento de la imagen divina. Esto significa morir, como lo dice el místico. Significa morir mentalmente. Morir a la mala salud, a la pobreza, a la desarmonía, etc., pero se hace cediendo a otros estados.

Blake considera que todos los estados son permanentes, como en su gran poema sobre los Salones de Los: "Maldigo la tierra para el hombre y lo hago permanente". Entonces, los estados permanecen y el hombre pasa por los estados como si fueran ciudades. Si no paso por algún estado, sino que permanezco en él, creo que esa es la única realidad. No puedes concebir un estado que no exista, porque todo está terminado; pero el ser humano solo está despertando, muriendo en un estado tras otro.

Toma a un amigo que no está bien o que no puede liberarse de algún estado. Tú imaginas a ese amigo como debería ser visto por el mundo entero, en la medida en que seas fiel a esa imagen, en ese grado, lo sacarás del antiguo estado. No importa si sabe que lo hiciste o no; no tiene por qué saberlo. Pero permanece fiel y lo traerás del estado antiguo al nuevo estado que tú estás viendo. Todas las cosas desaparecen cuando dejamos de contemplarlas. Moisés pudo ver la tierra prometida pero no pudo entrar. Si soy fiel a la semejanza de lo que contemplo, entonces, yo —el antiguo ser— no puedo entrar en el nuevo estado. Algo llama el poder que entra en él, pero nadie lo reconoce, porque ellos no pueden reconocer el ser transformado.

Todos nos sentimos muy seguros en lo recurrente. Si sabemos que una cosa es fija y que la próxima semana las cosas serán como son hoy, me siento seguro en esa repetición. Puedo haber hecho algo que transgrediera los códigos morales, puedo haber venido del lado equivocado del camino, no obstante, puedo aceptar eso porque estoy acostumbrado a ello. Pero decir que algo se despierta en mí y puedo convertirme en lo que quiera, eso es inquietante. Así que se nos dice que despertemos del sueño, porque lo recurrente trae seguridad a todo el vasto mundo. Uno hace lo que hace como si lo hiciera en una pesadilla. Dios tuvo que "olvidar" que era Dios para hacerse humano, y reducirse a este nivel es el límite mismo de la contracción. Pero luego viene el despertar de ese sueño profundo en el cual se arrojó para darme vida. De modo que, este poder elevador intenta liberar a los seres humanos porque Dios se convirtió en cada ser humano para que, con el tiempo, cada ser individual despierte como Dios. Eventualmente, el mundo entero despertará y el poema estará en plena floración y será noble más allá de nuestros sueños más increíbles. Y existirá por nosotros y seremos uno con el creador del gran poema. Ese es el arte de morir.

El próximo domingo es el gran drama. Estoy montando una bestia, y estoy en el cruce. "Tráeme un pollino en el que nunca se ha montado ningún hombre, está atado en un cruce donde se unen dos caminos". Este es un estado en el que nunca antes había montado. Es tan antinatural sentir que soy el hombre que quiero ser y realmente entrar en ese estado y montarlo, sin ser arrojado por la razón, la cual me dice que yo ya estoy hecho. Pero si sabes que el Señor es tu imaginación, puedes montar hasta Jerusalén.

Se nos dice que encontraremos al animal en un cruce donde se unen dos caminos. Siempre estamos en un cruce entre lo que soy y lo que quiero ser. Ahora, ¿puedo montar en la bestia que encuentro en el cruce y montarla en Jerusalén? Entonces, me dirijo hacia el "cielo", pero no es continuo en mi línea de movimiento. Es contiguo. Es adyacente a donde estoy, porque el cielo es un estado de conciencia. Yo intento captar el sentimiento que sería mío si yo fuera la persona que quiero ser, pero eso implica una muerte. Debo entregarme a mis sueños como si fueran verdad y viviendo en ellos los elevo y los hago realidad. Todos deben pasar por este estado porque esta es la única religión verdadera en el mundo. La religión, así como la caridad, comienza en casa, con uno mismo. La semilla-madre de todas las creencias religiosas reside en las experiencias místicas del individuo. Todas las ceremonias son crecimientos secundarios superpuestos.

Religión significa "estar unido o ser devoto". Pero si no estoy enamorado de aquello a lo que estoy unido, debo entregarme a algo más hermoso y hacerlo real. Debo llevar mi cruz. Llego hasta aquí y luego quiero cruzar a la otra línea donde está mi cielo. Porque todo está interrelacionado. Todos estamos compenetrados. Todos somos uno. Entonces hay una compenetración de todo el mundo, y entonces viene el conflicto, y de ahí viene la solución del conflicto. Porque debemos entrar en conflicto si estamos todos compenetrados. Pero luego debemos lograr la reconciliación. Cualquiera que sea la solución, esa es la reconciliación. Pero no podemos permanecer en un estado o condición para siempre. Cada nuevo estado lleva dentro las semillas de un nuevo conflicto. Cada cielo se convierte con el tiempo en un infierno. Una cosa es nuestra por un momento, pero a medida que continuamos en ella, traerá un conflicto. Mientras haya compenetración siempre hay conflicto. Así que vive en cualquier estado deseado y luego, cuando surja el conflicto, resuélvelo y muere a él, luego, pasa a otro estado. Así crecemos y nos superamos; así despertamos.

Nadie puede nacer en un entorno y realizar otro si no da paso al estado deseado. Así que Blake tenía razón: "Lo mejor en la vida es la muerte, pero el hombre tarda tanto en morir que sus amigos nunca lo ven resucitar de la tumba". ¿No ves que eso es lo que sucede con tu amigo, quien siempre te dice las mismas cosas, aunque no lo veas desde hace diez años? Todo sigue siendo recurrente, nada nuevo, pero eso lo hace sentir seguro. El ser humano no quiere el cambio; le asusta.

Te digo que tu Imaginación es Dios. Créelo. Ejercítalo. Tiene una nota baja, pero a medida que lo elevas, lo intensificas, y entonces visión tras visión será tuya, a medida que comiences a despertar. No pienses que eres codicioso porque estás pidiendo cosas o el cambio de las cosas. Estás aquí para crear, como lo hace tu Padre. Desea lo que quieres, cede el paso y créalo. Entonces, querrás cosas cada vez más elevadas. Pero nada bendice al individuo a menos que eso baje de su estado celestial y se encarne. Eres el único que puede vestirlo en realidad. Pero sigue siendo un estado a menos que te entregues a él.

Este drama de la Biblia se trata de ti, porque el Cristo Jesús de los evangelios es tu propia maravillosa imaginación. Solo hay un Dios infinito y la creación que amó. Y la amó tanto que quiso hacerla vivir, y luego compartirla e incluso cambiarla, de modo que Dios se hizo humano para que el ser humano pueda convertirse en Dios. Esa es la gran historia de los evangelios. Todos los místicos del mundo cuentan la misma historia. Por lo tanto, todo ser humano es libre. No hay juicio, porque no importa lo que haya hecho el individuo, Dios lo está haciendo en una pesadilla. Solamente existe el completo perdón de los pecados, no hay juicio ni argumento, pero el individuo puede cambiar los hechos. El pasado se puede deshacer. Si una persona ha hecho esto o aquello, entonces, utiliza tu imaginación y "gira la gran rueda hacia atrás hasta que Troya quede sin quemar". Esto significa, revisar.

Conozco a una señora que se quemó la mano y luego revirtió lo sucedido. Ella vertió agua hirviendo sobre su mano. Se recostó en el sofá y mentalmente intentó deshacer lo que había hecho. Fue difícil debido al dolor, pero siguió intentándolo. Ella rehízo la escena y vertió el agua hirviendo sobre el té y lo preparó y luego se bebió el té. Lo hizo una y otra vez, finalmente, se quedó dormida en el acto de preparar el té. Cuando se despertó, unas horas más tarde, no había rastro de quemadura. Ella escribió: "Hubieras pensado que tendría que ir directamente al hospital, pero ahora no hay ni siquiera un signo de quemadura".

Comentario: El pasado y el presente son uno en un momento mayor.

Ahora,
Entremos en el Silencio.

2

EL PAN Y EL VINO

25-09-1959

Cuando decimos que el Poder Supremo que creó el universo es el mismo poder que reside en el individuo, la gente cuestiona esta afirmación. Posiblemente, todos aquí tienen una Biblia; y cuando vas a la corte como testigo —supongamos que eres llamado a jurar que dirás la verdad— para jurar pones tu mano sobre la Biblia, o la Palabra de Dios. Luego, abres la Biblia y lees: "Todas las cosas que pidan en oración, crean que ya las han recibido y las recibirás. Y cuando estén orando, perdonen si tienen algo contra alguien, para que también su Padre que está en los cielos les perdone sus transgresiones". Tú pones tu mano sobre el libro de la verdad y juras decir la verdad, y aquí, en este mismo libro sobre el que juras, aparece esta declaración y no lo crees. Es verdad. Se basa en la declaración: La imaginación crea la realidad, porque la Biblia está dirigida al ser real, la Imaginación. "Porque el cuerpo eterno del hombre es la imaginación; ese es Dios mismo". (Blake)

¿Hay algo que no puedas imaginar? Sin embargo, muchos no pueden creer que lo que dice el Libro es cierto. Admiten que pueden imaginarlo, pero no creen que lo imaginado pueda ser verdad. Pero yo te digo que, si puedes imaginarlo y persistir, tu persistencia vencerá y probarás la verdad de esa declaración del capítulo once de Marcos, dada anteriormente. No obstante, eso está en este nivel del mundo. En la Biblia se llama "alimentarse del pan y el pescado", o los panes y los peces. Podemos lograr todos los cambios que deseamos en nuestro mundo si imaginamos que lo tenemos y persistimos en ese estado, porque si persisto, ganaré.

Pero hay otra dieta de la que se habla en la Biblia y se llama "pan y vino" Puedes ir y conseguir todas las cosas del mundo con el pan y el pescado, y estás invitado a darte un festín si lo deseas, pero la otra dieta le hace algo al individuo que ni uno entre mil millones lo creería.

Se nos dice que se desesperaron porque no podían creerlo. Se les dijo con respecto a esta segunda dieta: "Al comerlo y beberlo, hazlo en memoria mía". ¿Quién? El que es llamado Jesucristo en la Biblia, o el espíritu del perdón. Debes darte un festín con esto y no tiene nada que ver con una copa de vino o una pequeña hostia. Es "el espíritu del perdón". Es el "punto de perdón mutuo entre enemigos, el lugar de nacimiento del Cordero de Dios". Y por toda la eternidad yo te perdono y tú me perdonas, y tal como él dijo: "Este es el pan y este es el vino". Entonces, si sé comer de ese pan y beber de ese vino estoy perdonando a todas las personas del mundo. Pero no puedo hacerlo a menos que vea y entienda la diferencia entre un individuo y el estado que está ocupando el individuo. Si condeno a un hombre, a una sociedad o a alguna cosa y no comprendo que son solo estados, los estoy condenando a ellos. Solo puedo perdonar cuando empiezo a distinguir entre el estado y el individuo. Por lo tanto, puedo tomar la bestia más horrible en el mundo y abrazarlo. Puede que en el estado actual sea mi peor enemigo, pero si sé que solo está en un estado, puedo tomarlo mentalmente y abrazarlo, y sacarlo de ese estado en el que ha caído y ponerlo en un estado más noble. Y ese es el "punto del perdón mutuo entre enemigos, el lugar de nacimiento del Cordero de Dios". Así que, cuando el individuo come este pan y bebe este vino, puede tener todo lo que existe, porque solo hay Uno, porque nos es dado el todo, si lo conocemos. Si alguien te da algo, te da lo que es tanto mío como tuyo, porque todo se nos da a ti y a mí. Todo es nuestro. Somos uno.

Consigue cosas, si las quieres. Pero hay algo mucho más allá de la simple obtención de cosas. Pero si quieres imaginar cosas, están aquí. No te niegues nada de lo que desees, a menos que tu beneficio sea obtenido por la presunta pérdida de otro. Esa no es la forma de hacerlo. No debes quitarle nada a nadie. Tú creas lo que deseas solo en la imaginación, y si persistes en el estado se probará a sí mismo y llegará a ti de una manera que no lastimará a nadie, porque es mi Padre quien me lo está dando. Solo existe Dios. Nada se pierde, porque "todas las cosas se mezclan entre sí por una ley divina". Por lo tanto, no tengo que pedirte a ti, ni a ninguna otra persona, que desempeñe su papel para hacer realidad lo que quiero en este mundo. Si eres relativo a mi drama, serás atraído hacia él. Todo lo que debo hacer es comer del pan y del pescado.

Pero está la otra dieta, el pan y el vino. Entonces, cuando conozco a alguien a quien llamo enemigo, debo saber que está en un estado y debo distinguir entre el individuo y el estado en el que ha caído. Porque realmente es Dios en el estado. Solo existe Dios desempeñando cada papel. De modo que puedo abrazar a ese ser al que llamo mi enemigo y hacer que vea en mí a su amigo más atento. Así, lo redimo. Ese es el pan y el vino, y si yo como del pan y bebo del vino, de hecho, daré nacimiento al Cordero de Dios.

¿Qué debo hacer para lograr esta experiencia? No le llegará a nadie a menos que coma este pan y beba este vino, porque ese es el perdón incondicional del pecado. No importa lo que la persona haya hecho, si puedes distinguir entre el individuo y el estado en el que ese individuo ha caído, puedes abrazarlo y luego preparar el camino para el nacimiento del Cordero de Dios.

Si sientes que todavía no puedes hacerlo, prueba la otra dieta. Es maravillosa. Si quieres una mejor salud, o un mejor trabajo, o un mundo más grande, entonces, usa la imaginación para crearlo. Escucha, observa y toca como si tu sueño fuera una realidad, persiste en ello, con perseverancia ganarás. Si tan solo persistes en escuchar y ver lo que quieres ver, no puedes fallar en manifestarlo. Es una dieta maravillosa y todos están invitados a disfrutar de ella. "Todas las cosas que desees, cuando ores, cree que ya las has recibido y las recibirás". No necesitas a otro en lo externo, pero si tienes algo en contra de otro, perdónalo y tu Padre te perdonará. Algún monje piadoso agregó la última parte, que ahora es eliminada de la versión más reciente y más exacta de la Biblia: "Si no perdonas, entonces, tu Padre no te perdonará". Ese no era el texto original. No hay castigo, no hay retribución. Todo depende de nosotros. Estamos caminando a través de este fuego que se llama Tierra, pero si sabemos que estos son estados, comprenderemos que el espíritu está caminando como Dios, caminando como el Hijo de Dios. Entonces nosotros abrazamos a Dios, pero el individuo no puede creerlo y él adora a otro Dios desconocido. Todos quienes caminan por la faz de esta Tierra son Dios, pero hay innumerables estados creados con un propósito, y nosotros podemos utilizar nuestras mentes para sacar a cualquiera de un estado desagradable.

Recordarás la reciente discusión sobre delincuentes juveniles. Se nos dice que todos deberían ser confinados. El juez no sabe que él podría hacer algo al respecto, en lugar de simplemente encerrarlos y ponerlos en las espaldas de los contribuyentes. Si el juez tan solo supiera que el ser ante él está en un estado, y que él podría crear un nuevo estado y llevar a ese ser al nuevo estado y así permitir que se convierta en un ser noble y maravilloso en la sociedad. Pero no podemos ver eso, de modo que seguimos condenando al individuo como el estado. Nadie puede darse un festín con el pan y el vino hasta que pueda ver eso, y luego puede llegar al lugar del perdón mutuo de los enemigos, el lugar de nacimiento del Cordero de Dios.

"Así habló el misericordioso Hijo del Cielo a aquellos cuyas Puerta Occidental estaba abierta, pero la humanidad dormida no lo escuchó, y siguió durmiendo". Solo aquellos cuya Puerta Occidental estaba abierta lo escucharon. Esos van adelante para crear nuevos estados para otro y así salvarse a sí mismos, porque el individuo se salva solamente por la salvación de su prójimo. Finalmente, cada Puerta Occidental se abre y entonces nace el Cordero de Dios.

Un buen amigo católico me dijo: — "¿Qué haces para tener esta experiencia?"

— Y yo le dije: "Beber el vino y comer el pan".

No lo entendió, pues él comulga todos los domingos.

—Le dije: "¿Te ha pasado algo? ¿Ha habido una expansión en tu conciencia? Has comulgado durante todos estos años".

Pero ese no es el pan o el vino al que me refiero. El vino es el perdón mutuo de toda enemistad por toda la eternidad, tal como dijo el amado Salvador. Si no puedo abrazar a un ser y sentirme emocionado por su buena fortuna, no he tomado el vino ni el pan. Pero si lo hago en mi interior, y no tomando algo en forma tangible, entonces, he participado del verdadero pan y vino, y tenemos aulas dentro de las aulas. No importa quién eres o cuándo naciste; eso no tiene nada que ver con el despertar de Dios en el individuo. ¿Quiénes son las personas "correctas"? Todos son Dios.

Ayer recibí una llamada de larga distancia desde Nueva York. La señora que me llamó es muy rica en estándares de diamantes y dinero. No tiene suficientes dedos para todos sus diamantes. Ella tiene todo lo que quiere, excepto una cosa: quiere estar felizmente casada con alguien del registro social que tenga más dinero que ella, y sea al menos veinte años más joven. Ella tiene setenta y cinco años, pero quiere más dinero y diamantes más grandes.

—Ella me dijo: "Mira lo que he hecho por mi hijo utilizando esta ley. Ahora puede enviar a sus cuatro hijas a un colegio privado. Lo hice por él cuando persistí. Pero parece que no puedo hacer realidad esta imagen para mí misma".

—Yo dije: "Cualquier cosa que puedas imaginar, puedes crear. Pero estás pensando que el mercado es limitado porque hay muy pocos en el registro o en tu esfera social. Todos los que caminan por la Tierra son Dios, y no hay mayor antecedente que ese. Estas personas solo están en estados y si las sacas de ese estado es posible que no te interesen en absoluto: el mismo ser, pero en otro estado. No distingues el ser del estado. Utilizaste esta misma ley para poner a tu hijo donde está ahora. Puedes hacer realidad tu sueño de estar casada con alguien más rico y más joven que tú, si ese es tu concepto".

No es el mío. No juzgamos a nadie, porque cuando despiertas no ves el estado. Solo ves al individuo que ha caído en el estado y, cuando ves eso, no encuentras a nadie a quien no puedas abrazar y sacarlo de un estado desagradable y ponerlo en otro estado. Entonces, podemos entremezclarnos como un solo ser.

Ahora, él puede volver al estado anterior, como la esposa de Lot. "¿Cuántas veces debo hacerlo, Señor? Setenta veces siete". Así es como es. Si uno de tus hijos se cayera por la escalera, ¿no lo levantarías setenta veces siete? Dios está actuando todos los papeles.

Hay innumerables escuelas que enseñan que sufres por algo que hiciste en una vida anterior. Debes hacer esto o aquello. No alcanzas el despertar sentándote en la cima de una montaña, ni haciendo dietas, ni uniéndote a algún "ismo". Solo puedes despertar cuando comes el pan y bebes el vino, porque ese es el perdón mutuo de los enemigos, y es el lugar de nacimiento del Cordero de Dios. Tú no le dices a otro: "Te perdono". Eso no significa nada. Sino que lo traes ante el ojo de tu mente y lo abrazas. Están en estados que parecen oponerse, pero cuando sientes ese toque, estás abriendo la Puerta Occidental, porque la Puerta Occidental es tacto. La Puerta Sur es vista. La Puerta Oriental es un aroma. El mundo entero permanece dormido porque la Puerta Occidental está cerrada en ti, pero luego comes de este pan. Tocas al que abrazas; abrazas mentalmente al mismo que te cortaría la cabeza. Entonces, la Puerta Occidental se abre en ti y comes este pan y bebes este vino. No lo preparas uniéndote a alguna iglesia ortodoxa o haciendo alguna dieta. Puedes sentarte en el Himalaya hasta que te congeles y no podrás hacerlo, pero cuando caminas por el mercado y te relacionas con Dios (que es el ser humano) entonces tienes innumerables oportunidades todos los días para comer este pan y beber este vino.

Distingue entre el individuo y el estado en el que se encuentra. Nunca te has manchado. Pero tú dices, ¿qué hay con Hitler, o Stalin? Los estados eran horribles, pero el individuo nunca ha sido tocado. No damos a luz al Cordero de Dios por medio de la condena. Debemos llegar al punto del perdón mutuo de los enemigos, el lugar de nacimiento del Cordero de Dios. Entonces, todo comienza a desarrollarse, y sabrás y entenderás que todo lo que se dice en el Libro se está refiriendo a ti. Solo hay un Hijo, y Dios está engendrando a ese Hijo continuamente de ti y de mí, para siempre. Si quieres que el Hijo nazca en ti, debes practicar beber el vino; o si lo deseas, aliméntate del pan y del pescado. Trae ante el ojo de tu mente tu mundo tal como lo deseas. Escucha, toca, mira y siente como si tu deseo fuera verdadero y cambiarás tu mundo en armonía con esa imagen. Puedes hacer que se adapte a tu imagen, pero más allá de eso hay mundos dentro de mundos. Este universo que parece tan vasto —un millón de años luz de diámetro— es solo la piel de un mundo más grande, porque hay infinitos mundos dentro de los mundos. Cuando Dios me creó y me iluminó, precedí a la cosa creada. Así que antes de que el mundo fuera Yo Soy. Entonces, empiezo a recordar quién soy yo, y yo soy él, porque Dios y el ser humano son uno. Despertamos comiendo el pan y bebiendo el vino. Puedes practicarlo durante todo el día. No tienes que salir de donde estás, ni ir a otro lugar para hacerlo. Puedes hacerlo de pie en un bar. No tiene nada que ver con las virtudes morales. Solo hay estados.

Entonces, comprenderás las palabras de Pablo: "Ya no bebas agua sola, sino usa un poco de vino por causa de tu estómago". El "agua" es la verdad psicológica. Deja simplemente de absorberlo y pone en práctica lo que sabes; eso es convertir el agua en vino. Es el primer gran milagro de la Biblia. Ya no hay que limitarse a leer y no practicar. Yo puedo absorber el agua, pero ahora debo tomar un poco de vino —o poner en práctica lo que he escuchado— así transformas tu mundo y eso es la vida.

El capítulo once de Marcos es verdadero: "Todo lo que pidan en oración, crean que ya lo han recibido y lo recibirán. Y cuando estén orando, perdonen si tienen algo contra alguien, para que su Padre que está en los cielos les perdone sus transgresiones". Pero no puedes perdonar hasta que distingas entre el estado y el individuo en el estado. Tú creas otro estado para él, donde es tu amigo, lo sacas de su estado anterior y lo abrazas. Esa es la apertura de la Puerta Occidental y luego algo sucede dentro de ti. "Así habló el misericordioso Hijo del Cielo a aquellos que tenían abierta la Puerta Occidental, pero la humanidad dormida no lo escuchó y siguió durmiendo" (Blake.)

Yo puedo hablar y es posible que no escuches. Es posible que esta dieta no te resulte atractiva. Es solo un estado en el que te encuentras en este momento porque, pase lo que pase, sigues siendo Dios y sigues sin mancha. Pero todos despertarán, porque Dios actúa todos los papeles. Por lo tanto, "un desastre que no se pueda redimir, es imposible". Que nadie te diga que tú eres mejor que el otro. Puede que estés en un estado más maravilloso que el otro, pero eso es todo. El bien y el mal pertenecen al árbol del conocimiento. Nos estamos elevando a un mundo más expansivo a medida que despertamos. Entrarás en otro mundo tan real como éste, sin embargo, descubrirás que detrás de ti en este mundo has dejado una pequeña prenda —tu cuerpo. Todas las cosas existen en la imaginación y son una con la imaginación suprema que crea y sostiene el universo.

Ahora, toma la dieta que desees. Si aún no estás interesado en abrazar a alguien que crees que es tu oponente, y todo lo que quieres es trascender tu nivel actual, entonces, vive en el estado que demuestra que lo has hecho. Es posible que después de que suceda nunca le des crédito a tu maravillosa imaginación, ya que sucede de manera tan natural, que pensarás que habría sucedido de todos modos. Puedes descartar que lo hizo tu imaginación. Pero llegará el día en que querrás trascender las cosas y querrás aquello que no tiene valor terrenal. Verás a aquellos con grandes posesiones y sabrás que en realidad están a solo unos momentos de la gracia, pero hasta el último segundo antes de que se apaguen, siguen siendo solo conscientes de las posesiones. Pero está bien, porque ellos también se despertarán a su tiempo, aunque ni siquiera saben que hay alguien que camina entre ellos que está despierto. En el mundo más allá de los mundos, estás completamente despierto y no eres conocido por tus posesiones, porque allí eres dueño del mundo. Porque allí sabes que tú y tu Padre son uno, y él crea todo de la nada.

Lo que sea que desees crear, lo creas y no necesitas átomos para hacerlo, por siempre los creas a partir de tu imaginación.

Esta noche, trae ante tu mente a un amigo, o puede ser un adversario, y represéntalo ante ti como si estuviera en un estado más fino o más libre, luego sé fiel a tu estructura mental. Entonces, de una manera que nadie conoce, se hará realidad en tu mundo y se cristalizará y se convertirá en un hecho.

Ahora,
Entremos en el Silencio.

3

LOS SIETE OJOS DE DIOS

11-06-1959

Debemos ir a niveles cada vez más elevados porque ese es el propósito del maestro. Esta noche me gustaría examinar lo que, en mi opinión, es el libro más grande del mundo —la Biblia— y mostrarte una sección con la que quizás no estás familiarizado. Se refiere a los siete ojos de Dios, de las visiones de Zacarías. Él vio una piedra con siete facetas y la Voz dijo que en realidad estos eran los siete ojos de Dios que son enviados por toda la tierra. Porque estos siete ojos realmente están en el ser humano, porque él es la tierra de Dios. Así que olvídate de este pequeño planeta, debes saber que el ser humano es la verdadera tierra en la cual está plantado Dios. Estas son las siete visiones de Dios, siete visiones cada vez más

24

clarificadoras del Creador. La Biblia las nombra, pero debes buscarlas.

La primera aparece solo una vez en la Biblia, en Isaías catorce, Lucifer, el lucero de la mañana. Y cuenta cómo ha caído y ha sido cortado por tierra este ser brillante. Todas las razas han enseñado que el hombre ha caído. No es algo que pertenezca a la fe cristiana o judía, sino que todas las razas han sostenido este concepto. Entonces, el primer Ojo de Dios es Lucifer, cortado por tierra.

El segundo es Moloc, el extraño Dios que exige sacrificios (Jeremías 32). El ser humano ofrece a sus hijos e hijas para apaciguar a este ser que concibe como Dios. Pero la voz dijo: "No les había mandado, ni me pasó por la mente que ellos cometieran tal abominación para hacer pecar a Judá". Este Ojo está en toda persona que piensa que ha hecho enojar a Dios y debe hacer sacrificios para apaciguarlo. Todas las guerras del mundo son un apaciguamiento. La Inquisición con sus torturas fue un apaciguamiento para Dios. Las cestas de mimbre en las que se quemaban vivos a los hombres, eran un apaciguamiento. Lo hicieron todo para apaciguar a Dios, para que no se enojara.

El tercer ojo es Elohim, o dioses, dioses por encima y por fuera del ser humano. Los elementos que él adoraba, las estrellas y los planetas que cree que pueden regular su vida e influir en su comportamiento. Él se vuelve hacia algo fuera de sí mismo y le falla y llora porque está abandonado.

El cuarto es Shaddai —todopoderoso. En este ojo, el individuo busca seguridad y comodidad. Estos son los gobiernos, las poderosas maquinarias políticas, los gobernantes en los que confía, y todo esto también le falla.

Posteriormente, él se vuelve hacia el quinto ojo de Pahat, que significa, "cavar una zanja o cavar un hoyo para atrapar animales". No se refiere a los animales del bosque; no, es al individuo al que traigo a mi pequeña trampa. Gran parte del mundo funciona así hoy, en todos los negocios, especialmente en las grandes campañas publicitarias. Esta gente nos gobierna como tiranos. Cada periódico, cada revista, cada comercial de televisión tiene otro método para atraparnos y hacernos comprar todas estas cosas, muchas cosas que no terminamos de pagar antes de tener otras.

Luego, el sexto ojo es Jehová —Yod He Vau He— o Yo Soy. El individuo finalmente sale del proceso de atrapar. Ahora no tiene que atrapar a nadie en el mundo, sino solo imponerse con valentía. La audaz persuasión interior creará la condición de que soy persuadido. Ese es Jehová, el sexto ojo.

El séptimo es Jesús, o "Jehová salva" o "rescata". Es cuando el individuo se impone valientemente, pero su corazón está desgarrado por los que aún duermen y se sacrifica por los demás, se entrega por todo el vasto mundo. No como lo enseñan las iglesias, sino como te dice el místico. Tomarás a cualquiera, sin importar quién sea o lo que haya hecho, porque solo está en un estado. No condenas a nadie, sino que lo sacas del estado. Lo haces identificando al que quieres salvar con la idea que él quiere encarnar, y en la medida en que seas fiel a tu visión de esa persona, encarnará su ideal y se convertirá en eso. Ese es el ojo llamado Jesús, o el séptimo ojo.

Hay un octavo ojo, solo implícito en la Biblia y que está velado. Al octavo día circuncidan al niño y revelan el órgano de la creación. Hay un ojo en el hombre y Blake lo nombra. Dice: "No vino. Se escondió en el bosque de Albion". Albion es el nombre que usa Blake para referirse al hombre universal, hombre o mujer. Este ojo está escondido en el "bosque de Albion", en las oscuras circunvoluciones del cerebro. Allí se esconde este ojo.

Cuando finalmente comienzas a ejercitar tu imaginación por otro y realmente te alegras con el gozo de los demás, cuando se convierten en la encarnación de lo que desean y te deleitas con ello mucho más que si fuera para ti mismo, ese es el ojo de Jesús. Lo que comienza a ser la perfecta visión del séptimo ojo de Dios, luego algo se agita y se agita, exactamente como algo que intenta salir de un huevo. Es algo intentando salir a través de Gólgota, el Gólgota es "el cráneo", ese es el significado de la palabra. Pero está sostenido por cinco clavos, los cinco sentidos. Los cinco sentidos confinan al individuo a este mundo, luego, cuando se aclara el séptimo ojo, se desprende de este cráneo y el octavo ojo ve la realidad concreta por primera vez en su vida. Una vez que ve con claridad, ya nunca más culpa a nadie. Porque con este octavo ojo, ve el mundo perfecto. A esto se le llama circuncisión o la revelación del órgano perfecto, que es la imaginación del ser humano. Al octavo día, es circuncidado. Significa que el octavo ojo está abierto. No se abre por el proceso del tiempo, sino solo después del esclarecimiento del séptimo ojo de Jesús.

Entonces, ves que Dios se hizo humano para que el ser humano, al despertar, pueda convertirse en Dios. Dios se contrae a sí mismo hasta este límite de opacidad, por lo tanto, vivir en este estado puede llamarse la mismísima tumba del individuo.

"Dios entra por las puertas de la muerte con los que entran, y se acuesta con ellos en la tumba, en visiones de Eternidad hasta que despiertan". (Blake)

Luego, están estas siete visiones.

Primero: Lucifer, el caído.

Segundo: Moloc, el ser que exige sacrificios. Están haciendo eso ahora mismo, solo que lo llaman nacionalismo, y ofrecen a sus hijos e hijas a Moloc, aunque la Voz dijo: "No les había mandado que hicieran esto, para hacer que Judá caiga en pecado".

El individuo se cansa de ello y se vuelve hacia el tercer ojo, o Elohim, pero las estrellas, los planetas, no responden.

Luego se vuelve hacia el cuarto ojo, o Shaddai — Todopoderoso, hacia los "dioses" financieros y políticos.

Después se separa de eso y cava su pequeño pozo, Pahat, y atrapa a toda la gente del mundo porque puede ser más astuto que ellos, y gracias a su astucia vive muy bien durante este pequeño lapso desde la cuna hasta la tumba, y ese es el quinto ojo a través del cual gran parte del mundo está viendo hoy.

Se cansa de ello y descubre que Yo Soy, o Jehová, es la única realidad, o el sexto ojo de Dios. Y construyo mi mundo como quiero, y cuando me canso de ello, me ofrezco como sacrificio por todos los demás, me entrego completamente por el bien de los demás y mi buena fortuna se convierte en el gozo de escuchar sobre su buena fortuna. Como dice Job "De oídas te había oído; pero ahora mis ojos te ven". De repente, algo sucede dentro de mí y se abre el octavo ojo y soy circuncidado, en la mente, no en la carne. Cuando ese algo se abre dentro de ti, ves la razón de todo y ves que la Eternidad existe, y puedes tomar a cualquiera en este mundo y sacarlo de cualquier estado en el mundo. Ese es el octavo ojo de Dios.

Quiero compartir contigo una experiencia. El verdadero método de conocimiento es a través de la experimentación. Por eso te invitamos a experimentar. La verdadera facultad de conocer es la facultad de experimentar. Porque cuando has tenido las experiencias ya no te importa si alguien más lo sabe o no. No importa. Lo sabes, y tú sabes que sabes. De modo que me gustaría compartir esto contigo, esta experiencia, porque cuando comienzas a despertar, comienzas a recordar. Porque si Cristo es el centro, entonces yo puedo decir: "Devuélveme la gloria que era mía antes que el mundo fuera". "Con Cristo he sido crucificado y ya no soy yo el que vive, sino que Cristo vive en mí, y la vida que ahora vivo la vivo por la fe en el hijo de Dios, el cual me amó y se entregó a sí mismo por mí". (Gálatas 2:20)

Si el centro del ser humano es Cristo, y él era antes que el mundo, entonces, cuando comienzo a despertar, solo comienzo a recordar. Y cuando eso suceda, el mundo ya no podrá enseñarte nada. Cuando el individuo comienza a despertar, no cuestiona las cosas de este mundo; sabe que no son verdad.

Los psicólogos nos dicen que una comprensión completa de un sueño depende del conocimiento de que estás soñando, y luego eso te despierta, porque este es el único mundo que conocen. Ellos hablan de un estado de sueño como subjetivo y un estado de sueño profundo como inconsciente, pero dudan del valor de todo ello. No obstante, cuando abras el octavo ojo sabrás que hay mundos dentro de los mundos y que eres heredero de todos ellos. Puedes poner a prueba tus experiencias y traer todo lo que quieras a tu mundo y demostrarlo.

Hace algunos años sentí que estaba soñando y que nadaba. Yo sabía que era un sueño. Miré y vi la orilla de una isla primitiva, no la pequeña isla donde nací, porque ahí está bien cultivada y de ninguna manera es primitiva, pero esta era primitiva. La vi, era una isla y supe que estaba soñando. Vi estas cosas extrañas como postes de cemento clavados debajo del agua, pero estaban en un estado de descomposición. En algún tiempo podrían haber sido parte de un embarcadero. Pude ver esta peculiar playa primitiva y prolongué el sueño, porque si sabes que estás soñando no necesitas despertar. Mientras la memoria comenzaba a regresar, algo en mi empezó a decirme que, si me agarraba a uno de estos pilares, si no los soltaba, y despertaba, entonces despertaría allí. Lo sentí y fue sólidamente real, tal como lo sentiría aquí; mi mano no lo atravesó y lo agarré y me desperté; y me desperté en esa agua en esa playa, y luego vadeé hasta la orilla. Ya no estaba dormido en esa esfera más de lo que estoy aquí en esta.

Eso me enseñó una lección: que, si pudiera tocar cualquier cosa en otro mundo y obligarme a despertar mientras lo sostenía, descubriría que era real. Entonces, hazlo en tu mundo. Un trabajo que deseas, la casa que te gustaría habitar, el matrimonio que deseas. Siéntate en el escritorio en el que te sentarías, vive en la casa en la que quieres vivir, casado con el tipo de persona que quieres estar casado, y si lo sostienes en tu imaginación, lo harás real en tu mundo exterior. Los Antiguos llamaron a esta capacidad la Puerta Occidental y la vincularon con el sentido del tacto. Si puedes aferrarte a lo que tocas y luego despertar, descubrirás que la cosa se ha vuelto real. Lo tenemos en Génesis, en la historia de Jacob y Esaú. Isaac, el padre, que era ciego, dijo: "Acércate para que pueda tocarte. Acércate". Y el estado simbolizado por Jacob, el suplantador, se hizo real reemplazando el estado que antes parecía tan real, simbolizado por Esaú.

Asimismo, se nos dice en el capítulo dieciséis de Jueces, cómo fueron cortadas las siete trenzas del cabello de Sansón y luego vinieron los filisteos, le sacaron los ojos y fue llevado a Gaza. Allí lo hicieron bailar ante la multitud. Él pidió que lo llevaran al templo y lo colocaran donde pudiera tocar los dos pilares que sostenían el templo, luego presionó y empujó tan fuerte como pudo y derribó todo el templo, y mató a más filisteos de los que jamás había matado durante su vida.

Todo esto es un símbolo de la capacidad de tocar. Yo lo sé porque lo he hecho. Muchas veces, al encontrarme soñando, me aferré a un objeto en el sueño y me encontré despertando en otro mundo. También me he encontrado en otros puntos de este mundo. Lo hice en Barbados, cuando deseaba ser visto por mi hermana que estaba a más de tres mil kilómetros de distancia. Pero ya sea en este pequeño punto o en otro mundo, no importa, porque hay infinitos mundos y eres heredero de todos ellos.

Puedes conseguir todo lo que quieras en este mundo. Puedes utilizar el quinto ojo o el cuarto ojo. Todos aquellos que nos conducen a la batalla están utilizando el segundo y el tercer ojo. Unos pocos están usando el sexto, y solo una enésima parte utiliza el séptimo ojo, o el ojo de Jesús. Cuando lo uses y prefieras el bien de otro más que tu propio bien y puedas regocijarte por otro más que por ti mismo, entonces realmente has abierto el séptimo ojo y estás listo para la apertura del octavo ojo.

El séptimo ojo, el ojo de Jesús, no tiene nada que ver con un hombre nacido hace dos mil años; tiene que ver con la mente en expansión del individuo. Cuando ejercitas el séptimo ojo, algo se abre. Es el octavo. Pero hasta que el séptimo esté completamente abierto "se esconde en el bosque de Albion". Se esconde en las oscuras circunvoluciones del cerebro. Al principio puede asustarte un poco la sensación de una batería eléctrica moviéndose en tu cabeza. Sientes que la memoria regresa y lo sientes en este lado, luego en aquél, y luego lo centras y entonces verás. Algo se abre y realmente ves un mundo que nadie más puede ver.

El séptimo ojo se basa puramente en la fe. El individuo no sabe que Dios realmente lo redimirá y exclama: "Dios mío, ¿por qué me has abandonado?" Y entonces el nuevo mundo será visto.

El individuo busca seguridad y consuelo a través del cuarto ojo. Estos son los dictadores, las máquinas políticas, etc. Ellos siempre van a salvar el país, salvar el mundo, y luego son expulsados, pero llevando consigo quinientos millones de dólares. Lo hemos visto en este hemisferio, los mismos que los hombres acababan de llamar los salvadores de su país, empobrecen la tesorería. Ellos no han llegado al sexto ojo, ni al Yo Soy.

El que ha llegado a eso no se vuelve hacia nadie. Él sabe: "Yo Soy lo que seré, Yo Soy lo que soy". Puedes ser eso o lo que quieras. Pero luego vas más allá y no quieres nada para ti, sino solo para los demás. Comienzas a darte por los demás y luego, cuando eso se aclara por completo, se abre el octavo ojo.

Busca en tu Biblia y lee la historia de la mente descubierta del hombre. Pero viene solo después de ejercitar el séptimo ojo. De modo que debo aprender a experimentar el sentimiento y el tacto. Eso se llama la Puerta Occidental; está cerrada en el ser humano, pero debe aprender sobre ella. Antes de que cierre este ojo, debo aprender mucho sobre la Puerta Occidental, porque me dijeron que no ocultara un secreto, y habiendo tenido la experiencia de agarrarme a un objeto y no despertarme en mi cama, debo compartirla contigo. Despierto en el mundo donde sostengo el objeto. Me he excluido muchas veces de este mundo aferrándome a un objeto en ese mundo y despertando allí, y era tan real como esto, pero he regresado aquí. Tenía un cuerpo aquí y otro allá.

Cuando regreso aquí ¿dónde queda ese otro cuerpo? No tengo varios cuerpos, sino que estoy esparcido por todos los mundos y cuando el individuo comienza a despertar, recoge las porciones dispersas de sí mismo y finalmente encuentra el ser que es Dios. Puedes amar a todos en este mundo y encontrarás alegría más allá de tus mejores sueños al hacer el bien por otro; cuando alguien te pide y tú lo creas en tu imaginación y después tienes la confirmación de ello, entonces te regocijas como Dios se regocija. "Estas cosas les he hablado, para que mi gozo permanezca en ustedes." Porque siempre que alguien despierta, ese es el ojo de Dios.

De modo que hay siete que han sido enunciados con bastante claridad y un octavo implícito. Te digo que te sentirás como un pollo en el huevo del cráneo. Cristo es crucificado en esta cruz (el hombre) con cinco clavos — los cinco sentidos. El mismo significado está en la historia de las cinco vírgenes insensatas. Y luego se libera de esta cruz.

Ahora lo atrapas al vuelo, pero te digo que descubrirás todo tipo de cosas maravillosas en el despertar de Dios en el individuo. Porque Dios se convirtió en humano para que el ser humano pueda convertirse en Dios. Así que este maravilloso poema que existió solo para Dios está comenzando a existir por sí mismo. Los sentidos comienzan a aparecer en el poema, elevándolo a estados superiores y nos convertimos al final en creadores, uno de una sociedad infinita de dioses.

Este octavo ojo es mal entendido por los sacerdocios del mundo y circuncidan al niño. Es la imaginación la que

debe ser desvelada, no el órgano físico, y viene solo
después de la perfecta claridad de la visión a través del
ojo de Jesús.

Jesús significa "Jehová salva". Nadie está perdido.
Puede haber caído en un estado, pero tú, a través del ojo
de Jesús, puedes salvarlo. Le preguntas: "¿Qué quieres?"
y ves esa condición real para él y, al verla encarnarse, te
alegras de que uno haya sido levantado del fango. Lo
haces una y otra vez, y entonces tu cabeza cobra vida y
sientes corrientes eléctricas a través de ella, pero sabrás lo
que debes hacer, al igual que un pollo sabe qué debe
hacer y picotea hasta salir. Y entonces, el lugar donde el
cráneo creció después del nacimiento, se despierta de
nuevo y ves otro mundo, ves que el mundo fue hecho
perfectamente y cada estado es perfecto, y sabrás que
estás despierto para jugar hermosamente en este mundo
eterno, resaltando estas hermosas combinaciones hechas
por tu Padre.

Si la charla de esta noche parece diferente de lo que
esperabas, entonces, nada es más práctico que el sexto
ojo. Puedes hacer de tu mundo lo que quieres que sea con
el sexto ojo; de hecho, el quinto lo ha hecho. Puedes
atrapar a todo tipo de personas en tus pequeñas trampas.
Lee el periódico de la mañana. Cada anuncio es para
atraparnos y hacer vaciar nuestros bolsillos, y estarán
maravillados si pueden hacerlo. Cada año encontramos
nuevas trampas para conseguir lo que tenemos. Tenemos
nuevas formas de crédito. Ya nadie muere dejando nada
atrás. Todo esto es una trampa. Se ha convertido en la
forma de vida, el quinto ojo.

Pero luego vienen el sexto y el séptimo y luego el octavo; y cuando se abre el octavo perdonas a todos en el mundo, no importa lo que hayan hecho. Tú, como ser humano, has pasado a través de cada ojo. Has adorado a Elohim y has ofrecido sacrificios a Moloc. Pero cuando se abra el octavo, sabrás que nada desagrada a tu Padre excepto la incredulidad. El pecado no le desagrada. Los sacerdocios del mundo te dicen que le desagrada el pecado, pero solo la incredulidad le desagrada, porque los que vienen a él deben creer en él.

Todo lo que puedas creer es una imagen de la verdad. ¿Podrías creer que alguien que está en tremenda necesidad está ahora bien atendido? En tal caso, él puede llegar a ser como tú lo ves. Pero el pecado no desagrada a tu Padre. Significa "fallar al blanco", y él viene al mundo para mostrar a todos cómo no fallar el blanco. Si fallo la marca, él hace un mayor esfuerzo para enséñame cómo no fallar.

"Aquellos que se acercan a él deben creer que él existe y que recompensa a los que lo buscan" (Hebreos 11:16).

Entonces, búscalo a él primero y luego todas estas cosas serán añadidas.

Así que existen estos ocho ojos en el ser humano. El octavo se esconde en el bosque de Albion, o las oscuras circunvoluciones del cerebro. La respiración no lo sacará, ni las dietas ni los ejercicios de yoga lo harán. Solamente saldrá cuando mirando a través del séptimo ojo, que es la visión de Jesús, veas solo el bien de otro y con ello te alegres más allá de lo que es solo para ti. Luego comenzarás a ver a través del octavo ojo de Dios.

Utiliza el séptimo ojo conscientemente y toma a cada persona sin importar su color, raza o credo y solo pregúntale: "¿Qué quieres?" Porque en él no hay ni griego ni judío, ni esclavo ni libre. Así que tomas a todos, porque solo han caído en un estado, y seleccionas la solicitud de ese individuo y te convences de que ahora es la encarnación del ideal que desea encarnar; en la medida en que uses el séptimo ojo, el octavo sale del "bosque de Albion". La apertura del octavo ojo en realidad es la segunda venida de Jesús. Porque cuando el séptimo se vuelve perfectamente claro, el octavo se abrirá, como si fuera liberado de la tumba, y entonces verás como Dios.

Uno no puede nacer cristiano. Si no estás utilizando el séptimo ojo, no eres cristiano. Si eres el Papa, estás utilizando el cuarto ojo, y todos los sacerdocios del mundo usan el cuarto ojo. Todos los llamados todopoderosos usan el cuarto ojo. Pero tú debes usar el ojo de Jesús. Jesús es el ojo de Dios que se sacrifica por todo el vasto mundo. Él se entrega por cada ser del mundo, viendo por ellos su ideal, su estado perfecto.

Ahora,
Entremos en el Silencio.

4

EL ÚNICO CRISTIANISMO

10-11-1959

Aquí creemos firmemente que la imaginación es Dios; que el Poder Supremo del Universo es uno con la imaginación humana. Entonces, cuando leas la Biblia — un libro maravilloso e inspirado— y llegues a la palabra "Dios", también puede usar la palabra "Imaginación" y obtendrás una comprensión más clara de la misma.

"Respecto a la promesa de Dios, Abraham no dudó con incredulidad, sino que se fortaleció en la fe y dio gloria a Dios, plenamente convencido de que Dios podía hacer todo lo que había prometido". (Romanos 4:20-21) Cuando lees esto podrías pensar en un ser externo a tu propia imaginación. ¿Podrías soñar ahora con ser el hombre o la mujer que quieres ser? Ese sueño es una promesa. Se nos dice que no se dejó desviar por nada en el mundo y dio toda la gloria a Dios, o la imaginación; plenamente convencido de que Dios podía hacer lo que había prometido.

Si crees en lo que enseñan las iglesias, puedes pensar que no tienes derecho al bien que deseas. (Lee Romanos 1:20) "Desde la creación del mundo, su naturaleza invisible, es decir, su eterno poder y divinidad, se hacen claramente visibles en las cosas que han sido creadas. Por lo tanto, no tienen excusa; pues habiendo conocido a Dios, no lo honraron como a Dios ni le dieron gracias, sino que se envanecieron en sus razonamientos y su necio corazón fue oscurecido. Profesando ser sabios, se volvieron necios y cambiaron la gloria del Dios incorruptible por una imagen en forma de hombre corruptible, de aves, de animales y de reptiles..." "y luego adoraron y sirvieron a la criatura en lugar del Creador".

Te digo que está hablando de este ser inmortal en todo lo que fue creado. Incluso el traje que llevas puesto, alguien tuvo que imaginarlo primero. Lo que primero se imagina es la imagen invisible y luego se exterioriza como un sombrero, o un traje, o una casa.

Hoy me llamó una amiga por un problema personal. — Me dijo: "Dijiste que tu padre tiene una visión objetiva. Que podía ver las imágenes de su imaginación tan reales como las formas de la naturaleza".

Yo sé que eso era cierto. Todo el vasto mundo que construyó para sus diez hijos, lo hizo a partir de su maravillosa imaginación. Él se sentaba a solas y traía ante él a hombres y mujeres, y veía las situaciones como quería verlas. Luego sostenía ese estado justo antes de dormir y lo controlaba completamente. Y cuando más tarde regresaba a sus oficinas y estas cosas se hacían realidad, no se sorprendía. Otros ponían en marcha los tratos que él ya había visto en su mente.

Esta señora me llamó para contarme sobre el marido de su hermana. Su padre se había opuesto al matrimonio y había dicho que este hombre nunca haría nada bueno, explicando en detalle lo que sucedería. Él dijo: —"Él será el padre de tu hijo, pero no lo apoyará. Vivirá en un bar y siempre será un inútil". Este hombre ha cumplido esa profecía en cada detalle. Su padre era una figura poderosa en el teatro y no le gustaba su yerno, él profetizó su futuro y se ha hecho realidad en detalle. Le conté a esta señora una historia sobre una profecía de mi padre hace años.

Era el año 1919, puedo ver a mi padre en la cabecera de la mesa y a todos nosotros, los niños, sentados allí, y le dijo a mi madre:

—"En veinte años habrá una guerra, Wilsey. Será en el otoño en que Alemania volverá a estar en guerra con Inglaterra. Japón estará en ella, y Rusia e Italia. Estados Unidos será nuestro gran aliado".

Mi madre miró a sus hijos alrededor de la mesa y dijo:

—"Mis hijos estarán en edad de ir a esa guerra. ¿De qué estás hablando?".

—Él dijo: "Será cierto y ya todos los barcos lo están discutiendo".

Él era proveedor de barcos y hablaba con mucha gente. Mi padre no sabía que tenía este poder de imaginar como Dios. Él podía tomar a un hombre o una mujer o una comunidad y verlos tan vívidamente, imaginándolos en su propia sala de estar, que se volvían objetivos para él, y luego los encontraba viniendo a su oficina para proponerle lo que interiormente había puesto en movimiento. Pero no identificó ese poder que crea su mundo con este Poder Supremo que él llamó Dios. "Desde la creación del mundo, su naturaleza invisible, su eterno poder, se hacen claramente visibles en las cosas que han sido creadas".

Mi padre veía todo como hecho. Él discutía un programa con un hombre y luego el hombre se le acercaba y le proponía el trato que mi padre ya había cerrado en su imaginación. Pero no lo identificó con Dios. "Cambiaron la gloria del Dios incorruptible por una imagen en forma de hombre corruptible . . . y sirvieron a la criatura en lugar del Creador".

Todos aquí: tu presencia invisible es Dios, pero si imaginas el dinero y ganas un millón, repentinamente, adoras al millón, no al poder que lo hizo posible. Entras en un cierto círculo social y luego olvidas que lo trajiste a la existencia imaginando, y ahora piensas que este grupo es lo más importante. Así, el individuo olvida y cambia la gloria del Dios incorruptible por la imagen de un ser corruptible o algo que se desvanece. Porque todo lo visible se desvanecerá; pero tú no te desvanecerás. Incluso esta gran tierra un día será lavada por el mar, pero tú no lo serás. Aquello que dio origen a las cosas no puede dejar de ser. Así que estamos advertidos.

Le conté a esta señora sobre mi padre y ella dijo: — "Tu padre hizo eso en 1919".

Pero me remontaré a 1919, cuando mi padre dijo: —"¡No quiero comprar el periódico porque puedo ver los titulares y dicen Guerra!"

Él estaba tan decidido y convencido, que no compró ninguno durante semanas, y cuando finalmente lo compró, el titular decía: ¡Guerra!

Entonces, la señora preguntó si la actitud de su padre hacia el esposo de la hermana había determinado lo que sucedió y si debía continuar ayudando a su hermana que siempre estaba en necesidad. Sí, determinó lo que pasó. Pero ahora podría cambiarse radicalmente. Dale a la hermana si necesita ayuda. Pero luego le dije que este poder es todo imaginación y es un tejido con nuestra propia y maravillosa imaginación. Solo hay uno. No nos diferenciamos de él en naturaleza o sustancia, sino solo en el grado de intensidad. Si pudiéramos imaginar cualquier cosa en el mundo y no nos desviáramos, y diéramos toda la gloria a este poder llamado Dios, nada podría impedir que se hiciera realidad.

Dios le habla al individuo a través del lenguaje de los sueños, pero no tengo que irme a dormir para soñar, puedo imaginar algo para ti y desearlo con todo mi corazón. Si imagino algo para otro, eso es Dios hablándome. No tengo que ver un rostro. Existe una gran diferencia entre lo que las iglesias llaman Dios y lo que el místico sabe que es Dios. Blake habla del cristianismo en el último capítulo de su gran obra "Jerusalén". Lo divide en cuatro capítulos, como los cuatro ríos, etc., y nos dice:

"Te doy la punta de una hebra dorada,

Solo enróllala en una bola
Te llevará a la puerta del cielo,
Construido en la muralla de Jerusalén"

Y luego define el cristianismo. ¿Artículos de fe? Los descarta por completo. Él dice:

"No conozco otro cristianismo y ningún otro Evangelio que la libertad del cuerpo y de la mente para ejercitar las Divinas Artes de la Imaginación. Imaginación, el Mundo real y eterno del cual este Universo Vegetal es solo una tenue sombra, y en la que viviremos en nuestros cuerpos eternos o Imaginativos cuando estos Cuerpos Vegetales Mortales ya no existan".

Ningún otro cristianismo que el derecho a ejercer las artes divinas de la imaginación. Por eso te digo: "Me gustaría esto y aquello. Yo estoy demasiado cerca de la imagen, entonces, ¿podrías ahora ejercer el arte divino y escuchar tal y tal cosa por mí?" Y tú me dices: "¿escucharías algo por mí? Imagina que me has dicho que lo que quieres es ahora así, y dale toda la gloria al Poder que crea en este mundo".

Personalmente, he hecho esto innumerables veces. Es el único cristianismo en el mundo. No tiene nada que ver con ninguna iglesia. El único cristianismo es la libertad de ejercer las artes divinas de la imaginación. ¿Puedo hacerlo? ¿Quién lo está haciendo? ¡Dios lo está haciendo! No tengo que hacer ninguna fórmula. El poder supremo del universo es uno con la imaginación humana.

Si vamos al Antiguo Testamento y tomamos la palabra "hacedor", significa Imaginación. "Tu esposo es tu hacedor, el Señor de los Ejércitos es su nombre". La palabra "Alfarero" significa Imaginación. "Bajé a la casa del alfarero y lo encontré trabajando en su torno. La vasija de barro que él hacía se deshizo en su mano, así que volvió hacer otra vasija, según le pareció mejor hacerla". Si tan solo tomara esto y usara la palabra "imaginación", pero el traductor no podría decidirse a usarla.

¿Qué estoy haciendo con mi mano mental? Si no es bueno y no lo reviso, entonces estoy girando mi rueda y recreando esa misma imagen, pero si soy un alfarero sabio lo cambiaré y te oiré decirme que ahora tienes lo que deseas. Haré una nueva vasija. ¿Quién la está haciendo? El alfarero, y eso es la imaginación. Todo el día pienso lo mismo, una y otra vez. Estoy trabajando en la rueda de la recurrencia. Todos aquí pueden ser el hombre o la mujer que quieran ser. Lo sé por mi propia familia. Alguna vez has notado que si entras en un negocio y tomas todos los hechos y calculas cómo saldrán las cosas, ¿con qué frecuencia suceden como dijiste? ¿Quién lo hizo? Tú no eres un profeta, pero estás imaginando, entonces, en su momento llega el estado. Nada es creado por un poder externo a sí mismo. Se sustenta en la actividad de quien lo trajo a la existencia. Por lo tanto, si traje la pobreza, solo puede permanecer mientras sea consciente de ser pobre. En el momento en que dejo de imaginar que soy pobre, las cosas comienzan a cambiar.

Había una obra en Broadway llamada "La Millonaria" y un crítico sarcásticamente escribió que Katharine

Hepburn estaba tratando de impresionarnos con el hecho de que todo lo que un pobre necesita para hacerse rico es la arrogancia de la riqueza. ¡Él era más sabio de lo que creía! La arrogancia de la riqueza es todo lo que se necesita para dejar de ser pobre. Caminas en un estado y es una actividad de la mente, en la medida en que puedas sostenerlo, en ese grado lo crearás. El mundo entero no es más que Dios, y Dios es la Imaginación, y el ser humano es la Imaginación y "Nosotros habitamos en él y él en nosotros, y somos uno".

Ahora inténtalo. Toma algo esta noche. Si estás demasiado cerca de tu propia imagen, hazlo por otra persona; míralo como le gustaría ser visto y luego permanece fiel a ello. Puede que él nunca sepa lo que hiciste por él, pero eso no importa. Cuando las cosas sucedan con tanta naturalidad, nunca pensará que tú fuiste el responsable. Él cambiará la gloria de Dios por una imagen en forma de hombre corruptible. Dirá que conoció a cierta persona, la cual influyó en otra, o lo recomendó, y eso hizo que todo sucediera. Estas cosas obtienen el crédito y se olvidan del Dios incorruptible.

Ya les he contado la historia de un amigo que vino a verme porque necesitaba desesperadamente un mayor ingreso para atender las necesidades educativas de su familia. En su actual puesto bancario no tenía esperanzas de avanzar. Le enseñé qué hacer y cuando estuve ausente, al ir a Barbados, él lo hizo. Cuando regresé, me dijo que había conseguido este fabuloso puesto en la Fundación Rockefeller, en la cual aún permanece. Pero él tiene una mentalidad tan literal que, a medida que pasaba el tiempo, comenzó a olvidar cómo sucedió y ahora le da crédito al hombre que le habló en la iglesia y quien, finalmente, le pidió que fuera a la Fundación. En la mente de mi amigo, este hombre ahora es una persona poderosa y es la causa de su buena fortuna. Ha transferido la gloria que pertenece a Dios a la imagen de un hombre.

No importa lo que estés haciendo, ¿puedes ver claramente lo que quieres hacer y mantener interiormente una conversación con un amigo, la cual implique que lo que deseas ahora es un hecho? Entonces, hazlo. Porque en los niveles superiores de la imaginación, la actividad interna se revela mediante la conversación interna. Si el individuo escuchara lo que está diciendo interiormente, sabría lo que está poniendo en movimiento. Si se detuviera mientras camina por la calle y dijera "¿qué estoy diciendo ahora?" encontraría que el 99% justifica el fracaso. Pero se nos dice: "No tienes excusa porque lo has visto a él y su trabajo, pero lo niegas". Cuando escuchas la palabra Dios o Jesucristo, piensas en algún ser externo a tu propia imaginación, pero no hay ninguno porque la imaginación es Dios. Eso es lo que ilumina a todos los seres del mundo y como imaginas, en eso te conviertes.

Entonces, no importa cuáles sean tus limitaciones actuales, puedes comenzar ahora a soñar un sueño más noble y salir por esa puerta esta noche como si fuera verdad, sabiendo que tu imaginación es Dios. No hay ficción. Puedes escribir tu propia novela y realizarla. Incluso, alguien en un calabozo puede estar imaginando, y quién sabe lo que pueda invocar. Si yo estuviera en un calabozo, movería el mundo si fuera necesario para salir.

Un cuerpo puede estar físicamente confinado, pero no puedes confinar a Dios. Solo ves la causa próxima; pero no puedes ver la verdadera causa de algo, porque el poder invisible es lo que está creando. Quién sabe quién puede convulsionar el mundo. Incluso "puede ser una mujer pisando el lagar".

Todos aquí pueden ser lo que quieran ser, sin importar cuál sea tu sueño, si estás dispuesto a dejar que Dios lo haga, siendo Dios tu propia imaginación. Caminas completamente suspendido por encima de las apariencias y te conviertes en lo que deseas. Este es el único cristianismo que conozco: la libertad de ejercitar este arte divino de Imaginar.

Ahora, inténtalo. Si estás aquí por primera vez, te desafío a que lo refutes. Todos tienen el mismo poder. El hecho de que alguien tenga un millón de dólares no le hace más creador que tú. Ten cuidado con lo que estás imaginando porque lo que estás imaginando, lo crearás, aunque puedas convulsionar el mundo. Ojalá que tengas la Versión Revisada de la Biblia porque es de la que he citado esta noche. Tiene un significado más exacto, si bien no tan hermoso oralmente como la versión King James.

En Romanos encontrarás la recreación de todo, porque después de Hechos, Pablo pone las bases y declara: "Yo soy un hijo de Abraham y uno de la tribu de Benjamín". Pero él ahora lo ve, no como el código, sino como el espíritu, y ya no ve la circuncisión como un simple acto físico. Se da cuenta de que ahora es un verdadero cristiano. Él no fue a ninguna iglesia. Ahora ve el espíritu de la ley y no la letra. No puedes nacer cristiano. Es una forma de vida que adoptas. Podrías nacer en el Vaticano con el Papa como padre, y no serías cristiano. Solo puedes ser cristiano cuando ves la realidad y la adoptas como una forma de vida. La ley le fue dada al hombre, pero ellos rompen la letra de la ley y encuentran el espíritu de ella, y viven de acuerdo con ella, eso es el cristianismo. Hay muchas religiones basadas en muchos "ismos", pero eso no es cristianismo. Es la libertad del cuerpo y de la mente para ejercitar las artes divinas de la imaginación.

Esta señora puede cambiar la imagen del marido de su hermana. Ella puede imaginar que ahora él es generoso, porque ahora tiene tanto que quiere darle a ella, así como ella le dio a él. Ella puede romper el hechizo que se había lanzado sobre él. Yo sé que mi madre cuando zurcía nuestros calcetines soñaba para cada uno de nosotros un futuro del que ella estaría orgullosa. Todos estamos viviendo una vida noble y sé que ella lo soñó para todos nosotros. Ella nunca refrenó su zapato, ¡Zas! si hiciste algo mal. Ella dejó el mundo con su sueño fijo en su mente y se hizo realidad.

Nosotros podemos soñar para nosotros mismos o para nuestro prójimo, y ese sueño es la voz de Dios, porque Dios le habla al individuo por medio de un sueño.

Entremos en el Silencio

5

ESAÚ Y JACOB

13-11-1959

Ahora quiero darte la técnica personal que utilizo cuando oro, por mí o por otros. Pero, en beneficio de los que están aquí por primera vez, quiero decir que aquí creemos que la imaginación crea la realidad. Y ya que solamente Dios crea la realidad, tu Imaginación y mi Imaginación son una con el Poder Supremo que las personas llaman Dios.

Para hablarte de mi técnica, debo volver atrás y darte las razones. Volveré a mis experiencias personales y las relacionaré con la Biblia. En Génesis veinticinco se habla del nacimiento de un niño, el hijo de Isaac y Rebeca. Rebeca, deseando concebir después de veinte años de esterilidad, oró al Señor y el Señor respondió a su oración; ella sintió esta extraña lucha dentro suyo y se preguntó por qué, y el Señor dijo: "Dos naciones hay en tu vientre y dos pueblos, nacidos de ti, serán divididos; el uno será más fuerte que el otro; el mayor servirá al menor". Luego, en el momento del parto, salió primero un ser rojizo y velludo, y luego vino otro, cuya mano sostenía el talón del primero, y era de piel suave y sin pelo. El primero se llamó Esaú y el segundo se llamó Jacob.

Ahora, la historia es: "¡Tráeme a Jacob!" Si lo recuerdas, Jacob tomó la primogenitura de Esaú y luego tomó su bendición.

Esaú le dijo a su padre, Isaac:

—"¿No tienes bendición para mí?"

Isaac, su padre, dijo:

—"Por tu espada vivirás y servirás a tu hermano, más acontecerá que cuando te liberes, arrancarás el yugo de tu cuello".

Esa fue la única bendición que pudo darle a su primogénito, porque se lo había dado todo a Jacob, que significa "el suplantador". Esto no tiene sentido si lo tomas literalmente. No tiene nada que ver con personas llamadas Rebeca, Esaú o Jacob. Todo este drama se está desarrollando dentro de ti.

Yo tenía siete años cuando me sucedió a mí, me encontré en un tormentoso océano infinito. Yo era el océano, sin embargo, era Neville. Parecía indiferente respecto a lo que le hacía a Neville, lanzó a Neville como una ola y Neville estaba muerto de miedo. Al océano no le importaba, no obstante, yo —Neville— también era el océano. Esto sucedía una vez al mes desde mi séptimo año hasta el duodécimo año; y podía decir el día cuando iba a suceder por la extraña sensación de expectación que sentía. Tenía miedo de irme a dormir porque cuando comenzaba a dormir, entonces me convertía en uno con esta inmensidad y era todo este gran océano. Luego, se produjo una separación entre el océano y su ola, pero yo seguía siendo el océano. Mes tras mes tuvo lugar esta división hasta mi duodécimo año. Luego desapareció.

Cuando tenía veintiún años, regresó con un tono diferente. Una noche estaba contemplando Samadhi y mientras leía este libro sobre la vida de Buda ("La Luz de Asia") caí en un trance involuntario. Cuando desperté había salido el sol y no me había movido durante diez horas, pero durante ese intervalo me convertí en luz líquida infinita. Entonces no estaba dividido; no había nada más que luz. Yo era la Única Realidad y la Luz Infinita. Esa fue la segunda experiencia.

Luego vinieron otras de un estado secundario de esta división. Fui proyectado con cierta intensidad fuera de mi cuerpo. Por primera vez me hice consciente de esta división y de que era más que un ser de carne y hueso. Yo estaba fuera, y esta Realidad estaba en la habitación mirando este cuerpo en la cama. Luego quise volver al cuerpo, integrarme como una unidad y hacerlo conscientemente. Posteriormente lo hice, con una deliberada intención consciente, intensifiqué este poder y sentí que salía de nuevo. Deseé bajar a la habitación e hice una especie de circuito. Una formación de nubes estaba sobre la cabeza, todo estaba en detalle. A través de los espacios en la nube pude ver el rostro que veo todos los días en el espejo —mi rostro. Traté de atravesar la pared y no pude, y luego di un gran salto a la pared y me golpeé contra el cuerpo nuevamente.

El individuo piensa que cuando se mira en un espejo eso es todo lo que es. Incinéralo y se habrá ido. No es así, en absoluto. El ser que surge desde el vientre materno es esta imagen del gemelo que viene al mundo. Cada niño que proviene de la mujer es Esaú. Puede que seas bastante lampiño, según los estándares normales, pero sigues siendo Esaú. Él cambia su nombre de Esaú a Edom, que significa "enrojecimiento" o "sangre roja". Este ser siempre viene primero al mundo, y después de él viene uno para suplantarlo, ese es Jacob. Tú no ves a Jacob. Está escondido. Se decía que no tenía pelo. Vivía en una tienda. Esa tienda era Esaú.

Posteriormente, viene la separación, porque solamente Dios produce esa separación. Dios es ese océano infinito que tomará a este ser y lo arrojará una y otra vez para lograr esta separación. Hay algo en el individuo que provoca esta separación, que separa a Jacob de Esaú.

"¿No tienes ninguna bendición para mí, padre? Me pediste que te trajera carne de venado y ahora descubro que mi hermano te ha engañado". "Bien se le llama el suplantador. Él tomó mi primogenitura y luego mi bendición. Padre, no has guardado bendición para mí". Esta es: "Por tu espada vivirás; y servirás a tu hermano, más acontecerá que cuando te liberes, arrancarás el yugo de tu cuello".

Hay algo en este cuerpo que puede liberarse de este poder dominante, y luego muere. Eso es todo lo que Esaú puede hacer. Así que esta prenda —el cuerpo— está bajo la orden de obedecer a Jacob. Jacob es todo imaginación. Hay un ser en el individuo que divide esta prenda que se mueve por compulsión y cuando se suelta, no existe Esaú.

"El que me formó desde el vientre, me formó para hacer que Jacob vuelva a él" (Isaías 49:5) Todo lo que él quiere es a Jacob. Quiere despertar en cada ser un Centro de Imaginación y ese Centro se llama Jacob, el pequeño. "¿Cómo se levantará si es tan pequeño?" Le doy un susto de muerte, pero lo hago para darle vida y para que sea un centro que pueda crear. En los evangelios posteriores se le llama Jesús, el Ser Supremo que gobierna el mundo.

A partir de estas experiencias, vi la Biblia de manera diferente. Leería el Libro y lo vería de manera diferente. En toda mi vida solamente he recibido una paliza real, y fue por un hombre que se voló los sesos seis meses después. Él me preguntó acerca de un pasaje de la Biblia:

—"¿Qué dice?"

—Yo respondí: "Toma tu cama y camina".

—Él dijo: "¡Tráeme el libro!"

—"Mi hermano lo tiene" —respondí.

Éramos nueve y no teníamos nueve Biblias; mi hermano Cecil la tenía, yo no pude conseguirla. Este maestro sacó una vara larga y flexible, luego tuve que subirme a un banco, él comenzó a golpearme y no se detuvo hasta dejarme sangrando. Seis meses después se pegó un tiro. Me golpeó a causa de ese pasaje de la Biblia. Pero tal vez eso fue parte del patrón cuando cité mal, de acuerdo con su estándar, porque su versión decía, "toma tu camilla" y la mía decía "cama". Pero solo significa aquello sobre lo que uno estaba descansando. Era solo una parte del patrón, así que estaba siendo arrojado por ese Océano. Pero parecía no preocuparse por lo que arrojó. Aun así, aunque estaba asustado, sabía que no podía dejar de ser, de modo que formaba parte de un plan para separarlo, para que pudiera convertirse en un centro de creación. Entonces vi la Biblia de manera diferente.

¿Cuál es la técnica? A los veintiún años, cuando meditaba, me identifiqué con la dicha que contemplaba como un mar de luz líquida dorada. Entonces, entendí. ¡Absorción! Ese era el secreto. Si me identificaba completamente con un estado y lo nombraba, al punto de volverme absorto, funcionaba. ¿Qué era absorbido? No la prenda, Esaú. Era Jacob, que es todo Imaginación. Jacob tenía que ser separado de Esaú. "Dos naciones hay en tu vientre y dos pueblos nacidos de ti serán divididos; el uno será más fuerte que el otro; el mayor servirá al menor".

Descubrí que aquello, separado de esto que lavé y alimenté, era mi imaginación. Y luego descubrí que podía poner mi imaginación en cualquier lugar del espacio. La puse en mi propio sobrino y cuando mi hermana miró a su hijo, que estaba a punto de irse, no vio su rostro, sino el mío. Porque dejé a Esaú y me convertí en Jacob, y me convertí en Billie y decidí ser visto por mi hermana. Mi hermana no vio a su hijo acostado en la cama, sino a su hermano, Neville. Esa noche me escribió diciendo que había visto mi cara y no la de Billie.

Cuando quería ir a Barbados y no tenía ni un centavo, en mi imaginación dormí en Barbados y vi el mundo desde Barbados, y fui allí gracias al esfuerzo de mi familia, quienes pensaron que habían iniciado el viaje. Cuando me identifiqué con un estado, otros respondieron. Ellos se movían como autómatas. Luego me pregunté si debería hacerlo, entonces volví a ese pasaje en Génesis: "Servirás a tu hermano". Y servirás a todos los seres del mundo y te sientes bien al respecto. Este ser estaba imaginando y cada ser del mundo le está sirviendo. No tienes que pedirle ayuda a nadie en el mundo, no importa lo que ellos digan. Esaú solo puede vivir mientras tengas tu yugo sobre su cuello; y cuando rompe el yugo de su cuello, Esaú muere. Sin embargo, se perpetúa constantemente antes de morir, para que Jacob ponga su yugo en otro cuello. Y a Jacob se le llama Jesucristo en el Nuevo Testamento.

He aquí un ejercicio que me ha resultado muy útil. En casa, donde sé cómo se ve cada parte de una determinada habitación, me siento en una silla frente a una pared y con los ojos cerrados "miro" hacia adelante y no veo la pared que está frente a mí, sino la que está detrás de mí. Veo esa pared en el ojo de mi mente y ahora está frente a mí. Por lo tanto, la habitación se ha invertido o yo me he invertido. En toda la Biblia existe este tono de reversibilidad. Yo lo descubrí al leer que significa esto. Entonces, veo lo que está detrás de mí como si estuviera frente a mí.

He aquí otro ejercicio. Me sentaba físicamente en mi sala de estar, en la ciudad de Nueva York, y suponía que en realidad estaba en la calle frente a mi apartamento y de pie allí, en la calle, veía los detalles de la marquesina del edificio. Físicamente, estaba en mi sala de estar en el piso dieciséis, pero en mi imaginación estaba en la calle y la estaba viendo. Luego, todavía en la imaginación, regresaba al edificio, subía las escaleras y me sentaba donde estaba Esaú. Y la próxima vez que realmente salía llevaba a Esaú, cuando llegaba a la calle y miraba la marquesina, veía lo que no había notado la última vez que la miré físicamente.

Por suerte para mí, cuando esto empezó a aparecer — yo tenía siete años— no había psicoanalistas en la pequeña isla de Barbados, y si los hubiera habido, mi padre no habría podido costearlo. Ellos no habrían sabido lo que me ocurría. Por suerte para el trabajo que iba a realizar, nací allí, en esa pequeña isla que no tenía ninguna importancia en el mundo ¡y sin psicoanalistas! Así que nadie pudo perturbar lo que mi Padre estaba haciendo para provocar esta separación. Continuó durante cinco años —desde los siete a los doce— y luego fui destrozado, pero no levanté ese Ser hasta que tuve veintiún años, entonces, lo vi de manera diferente. No éramos dos, sino que yo era "Eso" y podía decir "Yo y mi Padre ...", pero al principio solo podía llamarlo un océano tormentoso. Yo era "Eso" y también era Neville. Cuando tenía veintiún años lo vi y me volví absorbí en él, o de lo contrario, no habría Neville.

Esta separación se produjo en diferentes niveles para mostrar cómo puedes orar. Tú puedes ser cualquier cosa en este mundo. Tomo un trozo de madera, una flor o un animal e intento sentirme a mí mismo como ello, y finalmente puedo sentir incluso lo que sería ser un vaso de agua. Porque todo emana de la Imaginación Divina, y yo soy "Eso", entonces, yo soy todo. No hay nada más que la Imaginación Divina y "Eso" y la Imaginación humana son uno.

Volvamos ahora al lado práctico en dólares y centavos. Un buen amigo mío aquí recibió una carta de otro amigo, que es profesor y a quien admiro mucho, aunque los profesores son muy pedantes. Están tan llenos de conocimiento y con datos ya desactualizados, en vista de los hallazgos actuales, que en realidad podría decirse que están llenos de ignorancia. El ser humano se desarrolla tan rápidamente que está aprendiendo de libros que se sabe que son inexactos y erróneos. Tomas libros no revisados y memorizas algunas cosas y obtienes tu título en una universidad. Este profesor (¿Raynor Johnson?) le escribió a mi amigo con respecto al título de mi libro, "Tu Fe es tu Fortuna".

—Él escribió: "¿Te gustaría que comentara?

Supongo que tomó la declaración "Tu rostro es tu fortuna" y simplemente cambió una palabra. No leyó el libro, sin embargo, dice en el Libro de los Proverbios: "El que responde antes de escuchar, es vergüenza y necedad para él". ¿Te atreves a responder antes de escuchar la pregunta? No obstante, no solo eres un profesor, sino también maestro de una facultad de la Universidad.

Este profesor viene a nuestra tierra y te recomiendo que vayas a escucharlo. Él desaprueba completamente las palabras "Fe" y "Fortuna", sin embargo, su motivo para venir aquí es llevar de regreso dinero a su propio país. No hay otra razón para su venida, porque él es de un departamento que utiliza libros ya desactualizados, entonces, ¿qué puede darnos?

De modo que le dije a mi amigo: —"Así como tantas otras personas sabias, él tiene talentos mecánicos y cualquiera puede tomar del trabajo inspirado de los místicos y escribir muchos libros y ganar dinero con ellos".

Él viene aquí solo para ganar algo de dinero.

Pero yo no hablo de un libro, sino del libro: la Biblia. Pasé por todas estas experiencias y sé que el secreto es la identificación con el ideal, no importa cuál sea. Si quieres dinero, ¿qué hay de malo en eso? Este que viene aquí no rechazará el cheque cuando se lo ofrezcan. ¿Quién engaña a quién en este mundo? Pero se te dice: "Gracias, Padre, porque has ocultado estas cosas a los sabios y piadosos y las has revelado a los niños". Por lo tanto, mantente en compañía de los niños y evita a los llamados sabios y santos.

Cuando esta división ocurre en ti, ese es Dios, y no necesitas la ayuda de nadie. Porque todo vino sobre Jacob y solo la espada le fue entregada a Esaú. Entonces, ese Esaú (el cuerpo) lleva comida a su estómago y debe ser transformada en hueso y sangre. Es un proceso tormentoso. Y en el momento mismo en que se libera del yugo que Jacob ha puesto sobre su cuello, Esaú muere. No importa, porque el Tú inmortal es Jacob y no puedes dejar de serlo. No dejes que nadie te diga que el dinero o cualquier otra cosa está mal, si Jacob quiere ejercitar su talento para eso. Cada Esaú tiene que servir a Jacob. Si encuentras a Jacob y habitas en el estado y te absorbes por completo en él, todos los Esaús tienen que servirte para cumplir ese estado, y ningún poder en el mundo puede detenerlo. Léelo cuidadosamente. "Por tu espada vivirás; y servirás a tu hermano".

Esaú tuvo que casarse con la cananea, y la palabra significa "lo que humillaría", pero ¿con quién se casó Jacob? la que salió de Labán —el ideal del mundo. Las "vestiduras" se casan con la cananea.

Si mi antiguo maestro, Ab, estuviera aquí, te asustaría a muerte. Él solía decir: "Si alguien se presenta ante ti y lo consideras muy importante, remuévelo y déjalo realizar las funciones normales de la vida, y le darás la espalda". Jacob domina el mundo y Jacob es imaginación. Nadie ha visto nunca a Jacob porque es como su Padre, completamente invisible, luego llegas al punto donde descubres tu propia invisibilidad.

J.W. Dunne, cuyos libros son conocidos, pregunta: "¿Cómo puedes ver algo que no tiene bordes?" Él le preguntó al ángel que se le apareció: "¿Por qué no pueden ver la sombra que Dios proyecta sobre el mundo?" Y el ángel respondió: "Porque no tiene bordes". Él pensó que eso era correcto, porque es imposible ver un "esto" sin un "no esto" para hacer una comparación. Pero eso no es cierto, porque cuando el hombre descubre a Jacob, él no tiene bordes, pero es más real que todos los Esaús del mundo. Él es todo y todas las cosas, todo el tiempo.

Aquí hay una declaración hecha por Aldous Huxley con respecto a D. H. Lawrence: "Él era un hombre extraño, pero parecía saber de lo que estaba hablando. Sabía lo que era ser una vaca o una margarita. Conocía las emociones de su vaca favorita y sabía lo que era ser una margarita. Sabía lo que era ser la luna". Huxley no entendió; tenía talentos mecánicos y podía describir estas cosas como se las describió D. H. Lawrence.

Algo está sucediendo en ti y Dios lo está haciendo, porque la profundidad de tu ser es Dios. Cuando esto se hace, Jacob se separa de Esaú. Todo se le da a Jacob y "nunca caerá el cetro de su mano".

Por eso les he dado mi técnica para orar. No asumo la responsabilidad de hacer nada, así que después de haberme identificado con el estado que deseo, dejo que sea así. Puede llevar un día, una semana o un mes, a veces nunca me entero de ello, pero sé que debe hacerse realidad, porque mi palabra no puede volver a mí vacía. Veo lo que quiero ver y luego dejo que se haga realidad. No muevo un dedo para hacerlo realidad, porque ¿cómo puedo discutirlo cuando ya es así? Siempre que te imagines a ti mismo como quieres ser y hayas sentido la emoción de ello, ese es el mandato de Jacob y el ser externo tiene que atravesar todos estos estados para cumplirlo.

Las visiones más grandes del mundo están en la Biblia. Dejemos que éste o aquel justifique sus pequeños comentarios sobre las palabras "Fe" o "Fortuna". El acto de fe es el poder de Dios obrando en el individuo para justificar el camino del hombre necesitado.

Entonces, me siento en mi silla y veo frente a mí lo que no está físicamente frente a mí, y luego me doy la vuelta. Esta prenda externa, Neville, se sometió a todos los pasos desde los siete hasta los veintiuno, luego vino este cumplimiento del 21 de julio de este año (el nacimiento del niño desde mi propio ser) y vi la separación completa de ese pequeñito llamado Jesucristo de lo que es Esaú. De Esaú salió Jacob, y de María salió Jesucristo, y ambos provienen de una separación o desgarro. No tiene nada que ver con el dogma. ¿Quieres serlo? Bueno, lo que sea, identifícate con ello; absórbete por completo con ello. El ser externo no puede hacerlo, así que el ser interno lo ha hecho, porque ha ordenado que "servirás a tu hermano". Esta prenda velluda viene primero y luego viene la que no puedes ver, y ese es Jacob.

Entonces, no importa quién eres, este es el plan de Dios para despertar a los hijos. Este mundo externo parece ser lo primero, pero viene a despertar a Dios que lo creó. Cuando él se individualiza, lo que más desea es a Jacob. Todo el mundo físico está completo, y se nos dice que ahora se está derritiendo en la radiación, y entonces, cuando se quita el yugo del cuello de Esaú, él está muerto.

Que nadie te diga que eres un pequeño gusano. Estás aquí porque existe ese hijo de Dios que debe separarse de la forma externa por la cual te reconocen cuando caminas por la calle. Ejercita este poder para todos en el mundo y no solo deséales lo mejor, sino que identifícate con tu deseo para ellos. Entonces, está hecho y no necesitas mover un dedo para que así sea, deja que sea así. Se ajustarán a lo que has hecho; no importa quiénes sean, si son personas sencillas o si tienen grados, esos grados son dados por Esaú a Esaú, y tú solo te preocupas por Jacob.

"El que me formó desde el vientre, me formó para ser su siervo y hacer que Jacob vuelva a él". Allí lo leerás en tu Biblia (Isaías 49:5). "¿Cómo puedes encontrarlo? Es tan pequeño. ¿Cómo se levantará Jacob?" ¡Él se levantará! Sé lo pequeño que es porque el océano infinito me tiró de espaldas y sé que no le importó. Lo estaba haciendo con un propósito; fui arrojado por todo su infinito. Tenía miedo de irme a dormir cuando sentía el acercamiento de estas noches, y entonces, cuando cerraba los ojos, se producía esta separación. Me estaba sacando de sí mismo. Ese fue el gran océano de la vida. Cuando comprendas esto, sabrás lo que significa el Diluvio y el verdadero significado de la historia del Arca.

Así que esta noche, si pudiera darte mi técnica en esencia, sería esta: Me siento tranquilamente en una silla; no me acuesto porque esa posición está asociada con el sueño. Me siento en una silla e imagino, me vuelvo absorto e identificado con lo que el otro me pide, como si ya estuviera manifestado. Entonces, para mí es real; ellos están ante mí, contándome la emocionante noticia de haber realizado su sueño. No habría diferencia si físicamente estuvieran llorando, porque eso es solo Esaú, y sé que debe pasar por algo para traer a Jacob. No estoy interesado. Esaú debe servir a Jacob. Si me llaman al día siguiente y me cuentan la historia más espantosa, no importa, porque empezaron cuando Jacob dio la orden, y todas las bendiciones del universo le fueron dadas a Jacob y todos tienen que servirle. Si me llaman para decirme que los han despedido, les digo: "¡Bien!". Cuando fueron despedidos, comenzaron el cumplimiento de lo que había escuchado para ellos y encontrarán que fue el punto de inflexión para llevarlos a lo que deseaban. Después pueden olvidar cómo sucedió, pero tú no olvides que fue Jacob quien dio la orden.

Ahora llámalo por un nuevo nombre, llámalo Jesucristo. Lee la genealogía y verás: Esaú viene primero, luego Jacob; Juan viene primero, luego Jesús. Ambos llegaron de una manera milagrosa. La esposa de Isaac fue estéril durante veinte años y luego él oró. Jesús nació de una virgen. No tiene nada que ver con un hombre o una mujer. Yo soy todos los personajes de la Biblia y estos son solo actividades imaginarias, y ésta era una actividad imaginaria que podía sacar de sí misma lo que deseaba. Todo el que viene de abajo (por nacimiento físico) tiene que venir primero, y eso es Esaú, y será destrozado para que sea separado y luego nazca el Niño, y entonces, no hay límite para la translucidez o expansión del hijo de Dios.

Entremos en el Silencio.

6

AL NORTE DE LA FRANJA

24-11-1959

En esta plataforma creemos que Dios es todo Imaginación y Dios es el hombre (el hombre espiritual, no el cuerpo que usa). Por lo tanto, el hombre es todo imaginación. Creemos también que Dios, siendo el único creador, y Dios siendo el hombre, entonces, nosotros somos creadores; la vida misma es una actividad de la Imaginación. Todo el vasto mundo en el que vivimos es un mundo de imaginación.

Esta noche esperamos poder mostrarlo de tal manera, que se animen a salir y probarlo. Todos pueden llegar a ser lo que desean ser, sin embargo, el ser real es invisible y solo ves su manifestación, porque Dios es espíritu, por lo tanto, el ser humano es espíritu, y cuando hablamos de espíritu nos referimos a la imaginación.

Aquí hay dos historias de casos maravillosos, síguelo con atención e intenta duplicar la técnica. La señora que me las dio no se diferencia de nadie aquí, porque Dios es el hombre. Nosotros somos ese hombre. No me refiero a masculino/femenino, porque estas son las prendas tejidas para que las use el hombre —el hombre genérico— que es Dios.

Esta señora dice:

«Hace un año mi esposo decidió vender nuestra casa. No me preocupé porque sabía, por una vasta experiencia, (habiendo vendido dos y comprado dos) que mi casa no se podía vender hasta que yo dejara de dormir mentalmente en ella. Pero permití que ejerciera su derecho a venderla, pues era nuestra casa. Durante cuatro meses varios agentes inmobiliarios intentaron venderla. No se vendió y ellos desistieron. Poco después, decidimos que queríamos vender la casa y comprar una más grande, en realidad, dos unidades bajo un mismo techo para que mi madre y mi tía pudieran quedarse con nosotros, de este modo, habría una sola factura de impuestos. Decidí que él tenía razón y comencé a dormir en la imaginación en la zona Oeste de Hollywood, y dormí así durante cuatro noches sucesivas. Al quinto día, mi esposo pasó a ver a un amigo y conoció a una persona que quería una casa en las colinas, y lo llevó a ver nuestra casa. Él recorrió una vez la casa y la compró pagando nuestro precio. En diez días tuvimos que salir y mudarnos con mi madre.

A mi esposo le gusta hacer las cosas de inmediato, por lo tanto, quería una casa nueva inmediatamente, pero ahora había cuatro adultos. Queríamos una casa con dos salas de estar separadas, pero dentro de una sola área y con espacio suficiente para no tener a ningún vecino respirando en nuestro cuello. Además, tenemos diez gatos, tres perros y un periquito. Necesitábamos un lugar cercado para proteger a los perros. Dimos a conocer nuestros deseos a todos los agentes inmobiliarios de la zona donde yo quería vivir. Todos nos dijeron que estábamos locos. Las corredoras de bienes raíces, las mujeres, se reían a carcajadas y los hombres se limitaban a poner cara de pena. Dijeron que el lugar que queríamos no existía en esa área y que, si existiera, podrían obtener cinco veces más que el precio que nosotros ofrecíamos, un precio que según ellos era ridículo. Yo no escuché sus burlas y dije:

—"No me has escuchado. Esa es la casa que queremos y el precio. También lo quiero completamente panelado por dentro".

¡Ahora ya sabían que estábamos locos!

Esta dama comenzó a dormir en su imaginación en una casa así.

Un día, uno de los agentes le dijo a otro:

—"Enséñale el lugar en King's Road". (Esa era el área donde ella quería su casa).

—El otro respondió: "Sabes que la anciana nunca la dividiría".

—Esta señora dijo: —"Vamos a verla, solo por diversión".

Los agentes se mostraron reacios, pero fueron. Doblaron por la carretera privada y luego la dueña de la casa los llevó por el lugar. Había una enorme sala de más de siete metros y tenía paneles de madera de secuoya.

La señora que quería comprar dijo:

—"Nunca había visto una habitación más hermosa, ni siquiera en un sueño".

La casa tenía dos acres y eran como dos casas bajo un mismo techo. Había una piscina, pero esta señora no quería una piscina, solo la casa. Después de mirar los jardines y regresar a la casa, se paró en un balcón que daba al comedor, miró hacia la sala de estar y vio a su esposo de pie junto a la chimenea con su pipa y con una mirada de completa satisfacción en su rostro.

Luego, todos regresaron a la oficina del agente y el esposo de la dama dijo:

—"Hagamos una oferta al hombre".

—Una agente dijo: "¡Perderé mi almuerzo!

—y el otro dijo: "¡Olvídalo!"

Entonces, el esposo de esta señora se enojó, lo que rara vez hacía, golpeó el escritorio y exclamó:

—"¿No es tu trabajo hacer la oferta que sugerimos? Entonces, ¡hazlo!"

Un tercer agente habló y dijo:

—"Ve despacio, porque he sabido que el marido de esa anciana hizo que un agente de bienes raíces deseara estar muerto".

No obstante, acordaron hacer la oferta.

Regresamos a casa y esa noche después de acostarnos, habiendo visto la casa en la imaginación, me paré en este mismo balcón arriba de la sala de estar y tomé la barandilla y volví a mirar a mi marido junto a la chimenea.

Luego, ella se durmió en ese acto imaginario. Al día siguiente sonó el teléfono y el agente dijo:

—"¡Te has comprado una casa!"

Los propietarios dividieron la propiedad en el medio y ellos obtuvieron la casa y un acre, justo lo que querían y al precio que habían ofrecido.

Ella dice: —Después de doce días de dormir en la casa de nuestros sueños, la compramos y ahora vamos a vivir en una casa que los agentes de bienes raíces dijeron que no existía. Nuestra primera casa se vendió después de cuatro días de dormir en otro lugar. La vendimos sin un agente y la comisión del cinco por ciento quedó en la familia. Un completo extraño la revisó una vez y la compró.»

Así es como crea Dios. Así es como tú creas si sabes quién eres, porque tú eres Dios. No eres un pequeño gusano.

Ahora hay una convención en Chicago, ellos se están reuniendo para decirnos que venimos de un gusano y que ahora estamos evolucionando. Dios no está evolucionando. Él crea de la nada. No hace algo y espera tener la inteligencia para hacerlo mejor. Léelo en la reveladora palabra de Dios, la Biblia. Todo está creado y lo que llamamos el mundo animal (que decimos que nos precedió) es el propio ser humano expulsado afuera, y a medida que el ser humano cambia, también cambian los animales del mundo. Todo el vasto mundo exterior está muerto y el ser humano le da vida. Lo sé por mis experiencias místicas. Sé que cuando congelo una actividad dentro de mí, se congela afuera, y cuando la comienzo nuevamente dentro de mí, comienza.

Esta señora no vendió la primera casa hasta que dejó de dormir en ella. Y luego, cuando se decidió por una casa más grande, a pesar de su problema de cuatro adultos, perros y gatos, una especial privacidad y al norte de cierto sector, la encontró. Yo digo que puedes ser lo que quieres ser y no necesitas más preparación que tu deseo. Esta señora era mejor agente que los agentes inmobiliarios que no pudieron vender su casa en cuatro meses, y se quedó con el cinco por ciento. Ella quería hacerlo y lo hizo, porque ella es toda imaginación. Pero no lo sabrás hasta que lo pruebes, como lo hizo ella.

Le digo que no hay nada imposible para ella, y nada imposible para ti, porque Dios se hizo hombre para que el hombre se convierta en Dios. Dios es el único actor. Solo Dios actúa en todos los seres y hombres existentes. Si reacciono, ese es el lado pasivo o negativo, llamado Satanás, pero si actúo eso se llama Dios o Cristo. Si vuelvo a casa esta noche y concibo una escena que implica el cumplimiento de mi sueño y luego me pierdo en él, sé que ningún poder en el mundo puede impedir que se manifieste.

Hoy recibí una carta pidiendo ayuda. No necesito estar al lado para ayudar a otro. No hay separación ni tiempo sin consentimiento. Haces que esto funcione para otros, sin importar dónde se encuentren. Esta carta era de Nueva York y me hablaba de un buen médico de allí. Le salieron estos bultos en la cara y temía que pudieran ser malignos, y posteriormente se descubrió que tenía la enfermedad de Parkinson. Este amigo me escribió para contármelo y me dijo:

—"¿Puedes hacer algo cuando estás tan lejos?"

Yo no estoy a cuatro mil kilómetros de distancia, porque todo está dentro de mí. En la imaginación, traje a este doctor ante mí y puse mi mano en su rostro. Lo puse en un rostro que no tenía bultos. Solo sentí la piel suave. Y luego él y yo caminamos juntos y él no tropezaba; caminaba como lo haría un hombre sano. Eso es lo que hice.

Ahora viene esta carta diciéndome que ha pasado algo dentro de él. Estos bultos han desaparecido y ya no está temblando, y ahora puede volver a su oficina. Sin embargo, como médico, sabe que su condición es incurable. No lo es, a menos que él crea que es así. Si aparentemente fallara con él, no importaría, pues seguiría ejercitando mi maravilloso talento. Si la siguiente carta hubiera dicho que él había muerto, no significaría que yo hubiera fallado, porque hay mundos dentro de los mundos y Dios no puede fallar. Todo lo que estamos llamados a hacer es imaginar y luego dejar que sea verdad. No puedo preocuparme por lo que dicen los médicos. No somos pequeños gusanos; somos de Dios, porque Dios se convirtió en su imagen y le dio vida, y se convirtió en un alma viviente, y luego la transformó en un espíritu vivificante. Pero si no te conviertes en un espíritu vivificante, no sabrás que eres la causa de la vitalidad de tu mundo. Y luego no puedes cambiarlo.

Aquí hay otra historia de la señora que compró la casa: Al entrar en cierto restaurante ella vio unos inusuales vasos de agua de color rosa y preguntó si podía comprarlos. Tanto el camarero como la anfitriona dijeron que sería imposible que ella hiciera negocios con la persona que hizo las compras para el restaurante, ya que era una persona muy desagradable. Además, dijeron que los vasos se fabricaban en el este y la oferta era muy limitada. La señora se fue a casa, pero todos los días veía esos vasos en su mesa, ocho de ellos. Un mes después, ella y su madre estaban nuevamente en el restaurante y había una nueva anfitriona, la cual se presentó y luego mencionó el tema de los vasos y dijo que había oído que el comprador no los vendería. Posteriormente sonrió y se disculpó, regresando en un momento con una caja, que le entregó a esta dama. En ella no solo había ocho vasos, sino el doble de ese número. Y fueron dados sin cargo. Los dones de Jehová no tienen precio. Ella estaba dispuesta a pagar incluso un precio excesivo por los vasos, pero los recibió como regalo.

Si sabes lo que quieres en este mundo, puedes conseguirlo. Y que nadie te diga que eres ambicioso. A los que te digan eso no les importaría tener lo mismo para ellos. Así que no te preocupes por lo que la gente dice, sale y vive una vida plena, maravillosa y rica, porque lo que quieres hacer, puedes hacerlo si sabes quién eres. Eres todo imaginación y la imaginación es Dios, y solo Dios crea.

Esta señora aprendió a usar la Puerta Occidental que en la mayoría de nosotros está cerrada, esto es el tacto.

Ese era su secreto. La noche que recreó la escena, ella vio cómo se veía su esposo de pie junto a la chimenea y sostuvo la mano en el balcón para demostrarse a sí misma que estaba allí.

Entonces, ¿qué desearías? No puedo enfatizar demasiado el uso del tacto o la Puerta Occidental. He visto a personas tomar cheques de pago imaginarios y tocarlos. Habían traído los otros sentidos de la visión, y escuchar comentarios, etc. pero cuando trajeron el sentido del tacto funcionó de maravillas, porque cuando traes el tacto abres la Puerta Occidental cerrada y entonces nada parece imposible.

Si pudiera acurrucarme en una cama a miles de kilómetros de distancia y luego ver mi mundo desde ese lugar, gravitaría allí. Porque soy todo imaginación, así que debo estar donde estoy en la imaginación. Aunque físicamente estoy aquí, si veo mi mundo desde ese otro lugar, yo estoy allí, y si alguien es sensible podrá verme allí. He sido visto en puntos del espacio cuando físicamente estaba aquí, pero deseaba ser visto allí. Estoy donde estoy en la imaginación, así que si imagino que soy la persona que quiero ser y camino en ese estado como si fuera verdad, entonces, todo en el mundo se apresurará a hacerlo así. Si solo viviera en la imaginación como deseo vivir en la carne, todo lo que parece desapegado se unirá para hacerlo realidad.

Pruébalo en tu oficina, y si las cosas no están bien o no son como deberían ser, asume que esta persona está actuando como debería y escucha la conversación y lo que dirían si ahora fueran el tipo de persona que deseas que sean. Y si mañana actúan como imaginabas, ¿dónde está la realidad? Te llegará algún día.

Cuando el hombre cansado entra en su cueva
entonces se encuentra con su Salvador en la tumba.
Algunos encuentran una prenda femenina allí
y otros una masculina tejida con esmero. (Blake)

Pero ese no es el hombre. Dios es la realidad, y masculino y femenino son la prenda. El cuerpo es la cueva y es también la tumba de la que habla Blake. Aquí es donde Dios se acostó. Yo estoy crucificado con Cristo, sin embargo, yo vivo, pero no yo, sino que Cristo vive en mí, y la vida la vivo ahora por la fe del Hijo de Dios que me amó y se entregó a sí mismo por mí. Así que todo está tejido dentro de mí, porque Dios es el hombre eterno y yo soy él. Él se enteteje en nosotros con fines educativos, y en mi caso es masculino, pero ese no es el hombre. Viste ropas de hombre y mujer, pero eso no es el hombre.

Luego Blake se vuelve hacia Satanás:

Oh Satanás, en verdad que eres un tonto;
no puedes distinguir la prenda del hombre.

Llegará el día en que verás congelado este fabuloso mundo de prendas, pero no ves al hombre porque ese hombre eres tú. Y te haces consciente de lo que quieres y luego ves que el mundo entero es infinita respuesta a ti. Entonces, lo que sea que actives, obtendrás la respuesta. El mundo tiene que responder después de que empiece la acción dentro de mí.

Esta noche tomas tu sueño y lo conviertes en uno noble, y creas una escena que implicaría el cumplimiento de tu sueño y abres esa Puerta Occidental, que es el tacto.

Aquí hay un hombre que hizo depósitos mentales en su banco. Conoces la historia de Archie Franklin. Él entró mentalmente en dos bancos diferentes, preguntó por su balance y escuchó lo que le decían. Lo hizo tres veces al día durante dos meses. Luego se fue a Caliente, en California, y regresó con treinta y dos mil dólares. El ganó tres dólares más que el depósito bancario que había sumado mentalmente.

No digo que vayan a Caliente, pero les digo que se pongan en ese mismo estado y que no dejen que nadie les diga que no es espiritual, porque mientras están diciendo eso, ya se están preguntando si pueden tomar prestado un poco de ese cheque cuando lo recibas.

Todo en este mundo es creación de Dios y Dios es todo imaginación. Incluso la ropa que usamos, las sillas en las que estamos sentados, alguna vez fueron imaginadas y luego hechas realidad. No dejes que nadie te diga que esto está mal. Aquellos que te dicen que mates el deseo no han ido lo suficientemente lejos, porque si quisiera matar el deseo tendría que empezar por el deseo de no desear, y ¿adónde llegaría? ¿Qué tan lejos?

Entonces, sale y haz lo que quieras hacer y cumple tus sueños. Te lo dice alguien sin formación académica. Me atrevo a decirte que todo en la Biblia es verdad en un nivel superior, pero se revela en sentido figurado, y el hombre confundió la verdad literal con la metáfora. Yo no me arrastro sobre mi vientre y no me habló ninguna serpiente pequeña, como dice el Génesis; sin embargo, lo que se quiere decir en metáfora es cierto. La serpiente fue llamada la más sutil de todas las criaturas y representa la sabiduría humana, que toma todas sus artes y religiones por su propio glamour y las dedica al creador. Luego viene uno que nunca fue a ninguna escuela (Blake) y les muestra la realidad. Y ahora aquellos que se creían tan sabios, figurativamente, se arrastran sobre sus estómagos en presencia de personas como él. En la Biblia las cosas se cuentan en un nivel superior y se cuentan en metáfora, pero, a través de experiencias místicas, yo sé cosas que no podría haber encontrado en ningún libro.

La declaración "Debes nacer desde arriba o no podrás entrar al Reino de los Cielos" es un ejemplo. Es literalmente cierto, pero está contado en metáfora. El joven rico dijo: "¿Cómo es posible volver a entrar en el vientre de mi madre y nacer de nuevo? Pero el vientre está abajo y no arriba. Él está hablando del nacimiento del segundo hombre, el hombre espiritual. Desde el Génesis hasta el final del Libro, dice que Dios creó todas las cosas y que dijo: "Es Bueno". Lo repite siete veces —el número perfecto— "Es bueno".

Un día verás todo el vasto mundo y dirás: ¡Es bueno! Y lo animarás. Sé que todo depende de la actividad que se lleve a cabo en el HOMBRE, y lo deletreo con letras grandes, porque las vestimentas son hombre-mujer. Tú eres el HOMBRE, este hombre genérico, que es Dios. Todo el vasto mundo es el hombre proyectado afuera. No un hombre, sino El Hombre. Todo lo que contemplas, aunque parezca estar fuera, está dentro, en tu propia maravillosa imaginación, de la cual este mundo vegetativo no es más que una sombra. En esta etapa es difícil pensar que tu mundo es una sombra y que eres tú quien la proyecta y la estás activando.

Cuando sueñes, no pienses que porque parece que no hay un hecho que lo sustente, no puede venir. Vendrá, así que sueña noblemente. Si quieres fama, tenla. Pero te recomiendo que te sugieras a ti mismo que estás despertando y puedes ver este maravilloso mundo congelado y a ti como el activador.

Espero que muchos de ustedes tengan el deseo de hacer lo que yo estoy haciendo y salgan y lo cuenten. Primero, pruébalo por ti mismo. Aprende el arte del arrepentimiento, que significa un cambio de mente. Inténtalo e inténtalo nuevamente y prueba que un cambio en ti producirá un cambio externo. Sale y pruébalo y luego cuéntaselo a los demás. Imagina lo que quieras imaginar y continúa imaginando hasta que te enfrentes a ello. No importa lo que te digan tus sentidos; si aprendes a vivir de acuerdo con esto, no fallarás.

Ten en cuenta que este cuerpo es solo una prenda y un día te lo quitarás. Tú eres invisible, y cuando estás completamente despierto te unes a la Sociedad Divina y te conviertes en uno de los Dioses que crean. Recuerda que a cada momento Dios se está engendrando en nosotros y no puedes fallar.

Ahora,
Entremos en el Silencio.

7

LA HISTORIA DE JUDAS

04-12-1959

Aquí te decimos que creemos que puedes ser lo que quieras ser en este mundo, y que es mi propósito decírtelo. Si tengo momentos en mi vida en que me arrepiento, no en el sentido de un cambio de opinión como en la palabra arrepentirse, aun así, debo decírtelo. Puedo tener momentos de arrepentimiento por haber hecho un mal uso de este poder para algún propósito, sin embargo, es mejor equivocarse que no usarlo. Cuántas veces uno se siente preocupado por el mal uso de este principio. Aun así, es mejor usarlo que enterrarlo, porque incluso del mal uso aprendemos, aunque dolorosamente. En la historia de los talentos, solo el que no lo usó fue condenado.

Vivimos en un mundo que es como una obra de teatro y algunos parecen estar desde su nacimiento en un papel difícil, aun así, tú les dices que Dios es Amor Infinito. Pero él es el dramaturgo y el director de reparto, porque esto es una obra de teatro. Como dice Shakespeare:

"Todo el mundo es un escenario y todos los hombres y mujeres son simples actores. Tenemos nuestras entradas y nuestras salidas, y un hombre en su tiempo actúa muchos papeles".

Pero ese "tiempo" no son setenta años; es el tiempo que tarda ese individuo en despertar, el actor perfecto, o Dios. Así que yo interpreto todos los papeles, pero interpretar todos los papeles no significa que interprete a todos los hombres o mujeres del mundo. Hay miles de millones de actores, pero solo un número limitado de papeles, y tú y yo debemos interpretar todos los papeles. La figura central, la estrella, es Cristo, toda la obra trata sobre Cristo, desde el Génesis hasta el Apocalipsis, pero hay muchas partes que lo revelan. Hay doce personajes principales, los doce discípulos; los veinticuatro ancianos; el Sumo Sacerdote Caifás y su oponente político, Pilato. Estos se encuentran en todos los tiempos y en todas las épocas. El propósito de la obra es despertar en nosotros al actor, Dios. Estos personajes de la Biblia no son personas, nunca caminaron en la tierra como personas. Nosotros interpretamos a todos los personajes, pero no viven más de lo que vivió Hamlet. Cuando Laurence Olivier interpreta a Hamlet, Hamlet no puede hacer nada más que lo que hace Olivier, y posteriormente, si Olivier lo desea, puede interpretar a otro personaje. Los personajes son los estados eternos del Alma, pero debemos aprender a distinguir al ser de los personajes que está interpretando. Los personajes son reales en la eternidad y asumimos el personaje y lo actuamos en esta esfera. Decir que todo en este mundo es una obra perturba, pero quiero que lo creas.

Esta noche quiero discutir el más difícil de todos los personajes; si te lo pidieran te negarías a interpretar ese papel, pero es el más importante, porque hasta que no se actúe, Cristo no puede despertar dentro de ti. Es el personaje de Judas. La gente dice que es el traidor, pero para poder traicionar primero debo tener el secreto. De modo que te entrego en manos de tus enemigos. Te revelo, porque eso es lo que significa "traicionar". Solo el que conoce a Dios puede revelar a Dios. Judas fue el único que no dejó a Jesús en el huerto. Los demás lo dejaron, pero Judas se quedó para revelarlo o traicionarlo, y después Judas se suicida. Pero se nos dice: "Nadie me quita la vida, sino que yo mismo la doy".

Entonces, ¿quién es Judas? Hasta que no se actúe ese personaje, Cristo no se despierta en la mente del individuo. Él revela a Dios. Luego, se arrepiente al ver que aquellos a los que revelaba al Señor lo escupían, lo insultaban y lo condenaban. No significa sobre un hombre, es un símbolo. Pero te digo que llegará el momento en que no te arrepentirás, aunque te preocupes por las consecuencias de tu acto. La palabra solo se traduce seis veces en esta forma.

Pablo escribió una agria carta a los Corintios y dijo: "No me arrepiento ni cambio mi actitud hacia ustedes". Y en otra ocasión, cuando Jesús es nombrado miembro de la orden de Melquisedec, dice: "No me arrepiento". Pero en este caso, cuando Judas revela al Señor al mundo, se arrepiente, porque ve lo que hicieron con el conocimiento. No es algo hecho a un hombre, porque Cristo es invisible, porque él es el Señor y el Señor es espíritu y el espíritu no tiene forma. Le dices al mundo quién es él —la Realidad Invisible del hombre— y luego, cuando ves que le escupen a la cara, en sentido figurado, te preocupas por las consecuencias de tu traición a la identidad de Dios.

Judas no es un hombre, así como Cristo no es un hombre. Cristo es la Realidad Invisible y todos los demás son estados, y nosotros nos movemos hacia estados. Pero cuando eres elegido para el papel de Judas, estás al final de la obra y la obra ha terminado. Traicionas la identidad del Poder Creativo del universo y luego "te suicidas", te cuelgas de un árbol. Al traicionarle, se convierte en el mismo ser que traiciona.

Ahora, Judas viene de la misma forma que la palabra Judá. Significa la mano. Es el primer símbolo en el nombre de Dios, o el símbolo hebreo "Yod", la mano de adoración, la mano del Creador. El segundo nombre de Judas es Iscariote. "Is: significa "Hombre"; "Cariot" significa "poner madera" o el carpintero. Entonces, Judas traiciona al Señor, porque nadie lo conocía, pero Judas les dijo: "Al que yo bese, ése es". Sin embargo, Jesús les había dicho: "Tres años he estado con ustedes ¿y no me conocen?" Los demás huyeron cuando él fue arrestado, pero el que lo conocía lo besó y dijo: "No lo dejen ir", y esa es tu imaginación, porque ese es Cristo. No hay otro.

Cristo en el hombre es la maravillosa imaginación humana y con Cristo todas las cosas son posibles.

Entonces, puedes tomar esta revelación y salir y ser lo que quieras ser. Si usando este poder salgo y me aprovecho de otro, significa mi mal uso de lo que acabo de escuchar. Pero el que te lo cuenta y luego ve lo que haces con ello, a menudo se arrepiente. Así que la historia te dice que lo escupieron, no a un hombre, porque quién puede escupir a la imaginación, sin saber que no hay otro, todos somos uno. Esto es escupir a Cristo o azotarlo. No en su cuerpo porque él es invisible, pues mi Padre es espíritu y el espíritu es invisible.

Así que lo más difícil de interpretar es Judas, o el traidor, y si el dramaturgo estuviera eligiendo actores, nadie se ofrecería voluntariamente a interpretarlo. Pero alguien tiene que salir y "traicionar" a Dios diciendo su identidad, y en la medida en que puedas hacerlo, lo probarás con el comportamiento de aquellos a quienes se los digas. Porque todos los personajes de la Biblia son verdaderos como estados y viven para siempre. Dios envía a sus hijos a través de estos personajes como actores para que, al final de los tiempos, despierte a estos actores como él mismo.

Eres infinitamente más grande que cualquier personaje de la Biblia, porque son estados, pero hay uno que no es un estado, ese es Cristo y se está despertando en ti. Cristo es Dios y está despertando en todos los seres del mundo. Él ha preparado una obra de teatro para despertar a cada niño nacido de mujer y, para crear como su Padre, tiene que pasar por todas las experiencias, todas están escritas en la Biblia.

Así que, están los doce; los veinticuatro; siempre está el poder político y el poder religioso; los sabios, llamados Saduceos; y aquellos que se ajustan a lo que piensan que los hará importantes en los ojos de los hombres —los Fariseos. Luego están los que tienen talentos mecánicos, podrían tomar de las inspiradas obras de un Shakespeare o un Blake y escribir muchos libros, pero no podrían escribir un pensamiento que sea original, estos son los Escribas; y también está «la multitud», que aclama al héroe hoy y lo apedrea al siguiente.

Entonces, los once no pudieron suicidarse o, en otras palabras, dejar de lado todo lo que habían escuchado sobre la causalidad. Es decir, todo lo que antes pensaban que debían dejar de lado, y vivir y morir solo para el Cristo. Y así se lee la declaración de Pablo de que él viene a enseñar solo una cosa y la obtuvo por revelación. Es cierto, viene por una visión, pero entonces los saduceos se reirán de ti. Tenemos esto ahora entre nosotros, cuando ellos hablan sobre la evolución, y el mundo lo ha aceptado, sin embargo, me dicen que Dios creó todas las cosas y las llamó buenas y maravillosas. Todos fueron distintos actos de creación. No tengo nada que ver con nada inferior al ser humano, pero todo lo inferior al ser humano solo da testimonio de lo que Yo Soy. No evolucioné a través de todos los animales. Eso es cierto solo en lo que se refiere a los asuntos humanos. Lo veo moverse de la canoa al transatlántico; del arado al tractor; de la cueva al palacio. La evolución es solo en los asuntos humanos. El pájaro construye su nido tal como lo hizo por primera vez, y es fijo y perfecto, pero las cosas de la forma evolucionan. Sin embargo, este no es el hombre, este cuerpo, esto es solo la máscara (personaje). Yo soy todo imaginación y uso esta máscara hasta que paso por todas las partes, y luego yo soy él, porque el propósito de la obra es despertarnos. "Porque solo Dios actúa en todos los hombre y seres existentes". El propósito de la obra es convertirnos en actores, incluso malos. Si somos malos, el que revela el secreto se arrepiente, pero no lo cambiaría.

Se nos dice que cuando llegó Judas y besó a Jesús, Jesús le dijo: "Amigo, ¿por qué estás aquí?" Los traductores no se atrevieron a creer la traducción real, por lo tanto, la han incluido en la nota al pie de página. La traducción real es: "Lo que vas hacer, hazlo pronto". Tienes que hacerlo. Tienes que decirle al mundo quién es Dios y que él es la imaginación, pero el traductor utilizó la frase, "¿Por qué estás aquí?"

Todo el mundo es un actor que está despertando, así que les digo a todos, ustedes están interpretando todos los papeles y espero que empiecen a interpretar el papel de Judas. No viniste a interpretar solo una parte. Todos interpretan muchos papeles. Si lo deseas, puedes tomar el papel de Judas. Podrías interpretar a Caifás o Pilato para siempre, y pensar que la causalidad es externa, o está en manos de los poderes políticos o religiosos, o de las grandes universidades. Hasta que llega la comprensión de la verdadera causalidad, no sabes quién eres, pero yo sé quién soy y quién eres tú. Cada ser es Dios en diferentes estados, todos desempeñando estos maravillosos papeles, pero cuando despierta él es Dios, y no importa lo que haya hecho, es perdonado. Cuando despierta, está blanco como la nieve, no importa que tan escarlatas sean las cosas.

Te pido que tomes esta revelación de Dios, que es tu propia maravillosa imaginación humana. Eso es lo que te dice Judas y yo actúo su parte. Él no es un hombre, sino un estado en el que he entrado deliberadamente y conscientemente, porque nadie puede traicionar a Dios, a menos que conozca el secreto. En Corintios se nos dice: "¿Quién conoce los pensamientos de un hombre, sino el espíritu del hombre que habita en él?" ¿Quién podría revelar o traicionar a Dios, sino el que conoce su secreto? Pero si lo sabes, lo pruebas y luego lo compruebas, entonces, estás encargado de salir y traicionar a Dios. Sales y traicionas el secreto de la creación. "Luego él fue y se ahorcó en un árbol". Este cuerpo es un árbol. Él vino a hacerlo y tenía que hacerlo, pero luego queda horrorizado por el uso que le dan a este secreto, el cual él vino a contar.

La siguiente etapa es despertar completamente como Cristo. "Aún no se ha manifestado lo que habremos de ser, pero sabemos que cuando Cristo se manifieste, seremos como él". Serás como el mismo Ser al que te enviaron a traicionar. Todos aquí interpretarán todos los personajes en la eternidad. No me refiero a la gente. Pasarán por todos los personajes, porque los personajes son estados eternos. Distingue al hombre, que es todo imaginación, de su estado actual. Puedes perdonarle cualquier cosa sabiendo que está interpretando un papel escrito para él por Dios. Todos somos actores del juego de Dios. Puedes volver atrás y ver las partes que has estado actuando desde la cuna hasta ahora. Si te dieran una visión, en este momento, verías en forma humana el estado en el que estoy actuando. Lo verías, sin embargo, no es un hombre sino solo un estado. He visto gente discutiendo y sobre ellos ves figuras en disputa. Solo están actuando estados, y cuando perdonan y se dan la mano, éstos se desvanecen.

Un caballero se sentó aquí la otra noche, luego él me escribió:

«Cuando comenzaste a hablar, vi por encima de tu hombro a un patriarca, llevaba el sombrero negro y la túnica de un sacerdote. No sé quién era, pero siento que es una gran inspiración para ti»

Esto es cierto, porque entré en cierto estado (yo estaba hablando de la piedra fundamental) y ese estado fue personificado como un hombre. Estaba diciendo que la piedra angular de todo es Imaginar y no debemos dejar eso e ir en busca de otro fundamento. Y aquí, este señor vio a un ser que para él era un patriarca expresando lo que yo estaba hablando. Sé que es verdad, porque nunca estoy solo.

Pero tú eres infinitamente más grande que el estado, porque eres un Centro viviente de la Imaginación. Puedes moverte por todos los estados; tú no eres el estado.

Se construyen iglesias para Pedro o para Juan, etc. Están siendo construidas solo para los estados, y los estados están eternamente muertos hasta que el Hijo de

Dios les dé vida. Cuando entras en el estado de contienda, entonces, está vivo, pero si no estás en el estado de contienda, está muerto. Ellos no construyen iglesias para Judas. Yo vivía en una pequeña isla y la dividieron en once parroquias, llamadas con el nombre de los discípulos, excepto Judas. Mis antepasados no sabían que él era el más importante, porque solo él podía descubrir a Dios y traicionarlo. Ellos llaman Judas a alguien que traiciona a un amigo. Pero en Mateo veintiséis, Jesús lo llama "Amigo" y luego dice: "Lo que tienes que hacer, hazlo rápido". No llamó amigo a los demás. Él llamó a Pedro "Satanás", pero a Judas le dijo: ¡Traicióname!

Posteriormente, aquellos a quienes se les revela el secreto, a menudo comienzan a utilizarlo incorrectamente. Descubren que la imaginación crea la realidad y si no les gusta alguien, imaginarán algo malo y por su propia intensidad lo harán realidad. Puedes usar esto de una manera horrible, por lo tanto, se nos dice que se arrepintió o que estaba profundamente preocupado por las consecuencias de su acto.

Puedes ser lo que quieras ser en este mundo, y aquellos que retroceden ante esta Verdad son sus enemigos y no lo conocen. Millones retrocederán ante ella, pero eso está bien, porque todavía no han llegado al punto en el que pueden ser elegidos para el papel en el que lo tomarán y saldrán a traicionar a Dios. Solo puedes traicionar a Dios, revelándolo. No lo conocerás por nada de lo que te digan los escribas o los fariseos, sino solo por tu revelación interior. Y cuando estás plenamente convencido, irás y lo contarás. Luego, cuando llegue el día de cerrar estos ojos y quitarse esta máscara, despertarás entre los gigantes de los despiertos. Pero ninguno fallará, porque todos en la eternidad finalmente despertarán. Así que si tengo que interpretar un papel una y otra vez hasta que me entierren en el papel, estaré enterrado hasta que aprenda que yo soy el actor y no el papel que interpreto.

Parece tan extraño que el libro que constituye el fundamento de la obra haga esta declaración: "Toda carne es como hierba, y todo su esplendor es como la flor del campo" …. "Se seca la hierba, se marchita la flor, pero la palabra de nuestro Dios permanece para siempre" Y la "Palabra" es la obra desde el Génesis hasta el Apocalipsis. Si tomara todas las Biblias y las quemara, la obra permanece a pesar del registro escrito.

Escuchamos hablar mucho sobre la bondad; pocos pueden definirla, ya que no hay dos edades que tengan el mismo concepto. Yo no te enseño a ser "bueno", sino a ser creativo para expresar este gran talento. No lo entierres, aunque al usarlo cometas errores. Pruébalo en tu propia vida, luego sale y cuéntale a los demás. Ningún sacerdocio podría enviarte o tener el poder de enviarte. Ninguna agua bendita te enviará. Tú eres enviado por Dios y Dios es espíritu. Así que, si te sientes movido a hacerlo no lo dudes, y si cometes errores y me entero de ellos, por un momento puedo sentir que desearía que no lo hubieras hecho, pero realmente no me arrepentiré de haberte hablado de la identidad de Dios. Tu imaginación humana es Dios y es una con lo que sostiene el Universo. Cuando lo ves, sales y lo traicionas o lo revelas. Judas significa "mano" y se convierte en la primera letra del nombre del creador. (Yod He Vau He)

Se nos dice que Judas traicionó a su Señor por treinta piezas de plata, y luego se dice que se las devolvió al sacerdote. Ellos compraron el campo del alfarero, que significa "hacedor". Aparece sesenta y dos veces como "hacedor"; solo unas pocas veces se utiliza como "alfarero". Significa "hacedor" en el sentido de alguien que es artesano, como un orfebre o platero. Significa que el individuo es un hacedor. Así que, él tomó la totalidad del precio de Dios, porque treinta significa "plenitud". Pasó por todos los hornos, porque nadie que actúe el papel de Judas podría saltarse uno. Así que pagó el precio. Y luego lo arrojó al alfarero. Podría haberlo arrojado al platero; pero la misma palabra traducida como platero también se traduce alfarero. Yo pago el precio completo para descubrir que mi imaginación es Dios, luego muero a todo lo que antes creía y se lo digo al pueblo, y así hago que lo nieguen y lo escupan. No tiene nada que ver con algo que tenga lugar en la tierra. Sale, piénsalo y determina convertirte en la persona que quieres ser. Entonces traicionas este secreto y cuenta a otros lo que has descubierto.

Imagina las cosas más hermosas de este mundo para ti o para otro.

Así que vayamos ahora al silencio y cuando salgas, sabiendo que la imaginación es Dios, no dejes que nadie te persuada de que hay otra causa para los fenómenos. Atraviesa estas puertas sabiendo que es así, entonces no estarás impaciente, sino que dejarás que así sea, porque Dios crea la Realidad.

El Padre camina conmigo por el mundo y no lo sé. No sé que la actividad imaginal es la causa de lo que aparece en mi mundo.

Ahora
Entremos en el Silencio.

8

¿DÓNDE TE HOSPEDAS?

Sin Fecha

El título de esta noche es "¿Dónde te hospedas?" Esto está tomado del primer capítulo del Evangelio de Juan. Si no estás familiarizado con él, Juan el Bautista acaba de hacer la declaración de que Jesús es el Cordero de Dios. Y en su presencia estaban dos de sus discípulos, ellos lo siguieron y le dijeron: "¿Dónde te hospedas, Rabí?" Y él respondió: "Vengan y verán", entonces lo siguieron y se quedaron con él porque era la hora décima. (Ver Juan 1: 35-39)

Algunas Biblias traducen esto como las cuatro de la tarde, pero en realidad no son las cuatro de la tarde, es la hora décima. Estos números tienen un gran significado en las Escrituras. Diez es el valor numérico de la letra "Yod", que comienza el nombre Yod He Vau He. Su símbolo es el de una mano, la mano creadora de Dios. Todo este drama tiene lugar en nosotros, no en el exterior.

Después de esto, él se vuelve hacia uno llamado Felipe y le dice a Felipe: "Sígueme". Luego Felipe encontró a Natanael y le dijo: "Hemos encontrado a aquél de quien escribió Moisés en la ley, y también los profetas, a Jesús de Nazaret" (Juan 1: 43-45)

La palabra "Nazaret" significa vid sin podar. Si eres un Nazareo, eres una vid sin podar. Ese es el que habían encontrado. Encontraron al Salvador del mundo —el poder creativo del mundo. Encontraron su propia maravilla imaginación humana. Ese es el Cristo de las Escrituras.

Cuando tú lo encuentres a él, lo encontrarás como una "vid sin podar". Es todo un shock.

"Mira esta vid. La encontré como un
árbol silvestre, cuya fuerza desenfrenada
había crecido en ramitas irregulares.
Pero podé la planta y creció moderada
en su vano gasto de hojas inútiles y
se anudó, como ves, en estos racimos
limpios y completos,
para devolver la mano a quien
sabiamente la hirió".
(Anónimo)

Cuando descubras que tu propia maravillosa imaginación humana es el Poder Creativo del mundo, la encontrarás como una "vid silvestre", donde has utilizado mal este talento y has imaginado todas las cosas desagradables del mundo. Ahora, cuando la encuentres, debes podarla, lo haces mediante el uso adecuado de ella, entonces dejas de usar mal el poder que es Cristo en ti.

Porque el Cristo de las Escrituras no es un pequeño hombre que vivió hace dos mil años.

"Dios se hizo como nosotros, para que nosotros seamos como él" (W. Blake)

Él no está pretendiendo ser un hombre, él se hizo hombre; tanto que no puedes dejar de ser consciente de que lo eres, y esta conciencia de que lo eres, es Dios. Ese es el Señor Jesús.

De modo que permaneces con él en la hora décima y aprendes todo lo que tiene que enseñar; y él enseña todo sobre sí mismo. Ahora, él dijo: "Yo no soy de este mundo" —Eso es obvio— "... Y ustedes son de este mundo" (Juan 8:23) Esta conversación tiene lugar dentro de mí. Mi mente racional, mi mente superficial, es "de este mundo". Se le llama el "hombre externo". Él dice: "Ustedes son de este mundo; Yo no soy de este mundo". "Ustedes son de abajo, yo soy de arriba". El mismo ser, pero hablando consigo mismo.

Por lo tanto, esta cosa llamada "Neville" —el hombre externo— pertenece a este mundo. Es parte de la estructura del mundo exterior. En las Escrituras el "exterior" y "abajo" son lo mismo, así como "arriba" y "adentro" son uno y lo mismo. Entonces, cuando él dice: "Yo soy de arriba", estoy dentro, estoy dentro de ti, yo soy el núcleo de tu propio Ser, y a ese Ser las Escrituras llaman "Jesucristo".

Ahora, él dijo: "En la casa de mi Padre hay muchas mansiones. Si no fuera así, se lo hubiera dicho; porque voy a preparar un lugar para ustedes. Y si me voy y les preparo un lugar, vendré otra vez y los tomaré adonde yo voy; para que donde yo esté, allí estén ustedes también" (Juan 14: 2-3).

Aquí, en esta habitación, está el mundo exterior, con esta cosa llamada "Neville" hablándote, pero está aquello en nosotros que es Jesús —nuestra propia maravillosa imaginación humana. No hay barreras para este Ser-Dentro-Nuestro. Estando aquí, puedo asumir que estoy donde me gustaría estar. Estando aquí, plenamente consciente de mis debilidades y mis limitaciones, puedo asumir que soy el hombre que no tiene ninguna debilidad ni limitación. Si hago eso, estoy preparando el lugar. Voy y preparo el lugar. Dejo que esta cosa se desvanezca de mi conciencia —esta habitación, la ciudad, todo— y en mi imaginación me atrevo a asumir que soy quien quiero ser. Le doy todos los tonos de realidad. Le doy toda la viveza sensorial que soy capaz de darle y la hago real. Luego, abro los ojos. Cuando abro mis ojos físicos sobre el mundo que he dejado fuera por un momento, éste regresa.

Entonces, "voy y preparo un lugar" para el hombre inferior y cuando voy y preparo el lugar, "vendré otra vez y te llevaré conmigo". Una vez más hay una fusión entre el hombre que dejé parado aquí mientras yo procedía a otra parte, y fui y preparé el lugar. Luego vuelvo al ser que dejé atrás y nos fusionamos una vez más.

Habiéndolo preparado, ahora construiré un puente de incidentes —pero no en mi mente consciente y racional— a través del cual tomaré esta prenda que dejé atrás y la llevaré hacia el cumplimiento de lo que he hecho por ella.

Así, el hombre puede tomar un sueño, cualquiera que sea el sueño, le parece un sueño imposible, pero no puede serlo para el Ser dentro de él, que es Jesús. Y Jesús es tu propia maravillosa imaginación humana. Cuando sabes exactamente quién eres en realidad, nada es imposible. No tienes que racionalizar cómo va a funcionar; simplemente lo haces. ¡Ten plena confianza en Dios! Y Dios es tu propia maravillosa imaginación humana.

"El hombre es todo imaginación y Dios es el hombre y existe en nosotros, y nosotros en él".

"El cuerpo eterno del hombre es la imaginación; y ese es Dios mismo" (Blake)

Puede ser un impacto para ti, es un impacto para todos los que fuimos criados en la fe judeo-cristiana. Yo fui criado en la fe cristiana. Los que fueron criados en la fe judía, un día escucharán la misma historia, porque el cristianismo no es más que el cumplimiento del judaísmo. Es la flor completa, el cumplimiento, todo esbozado en el Antiguo y cumplido en el Nuevo. Sin embargo, el hombre ha tomado estas personificaciones por personas. No son personas. Tu realidad es tu propia maravillosa imaginación humana. Hablo de ella como una persona, sí, porque la imaginación, para mí, no es una vaga esencia. Es un ser, un ser viviente, un ser inmortal. Es el núcleo de tu ser. Hablo de ella como Jesús. ¡Ese es el Ser que realmente eres!

"¿Acaso no saben que Jesucristo está en ustedes?" (2 Corintios 13: 5) Eso es lo que se nos pide que creamos en las Escrituras. El Cristo en ti es la esperanza de gloria. Si él está en mí, entonces, él es de quien se habla en las Escrituras como Aquel del que Moisés habló. "Lo he encontrado" (Juan 1:45) ¿Qué encontró? "Encontré a aquél de quien escribió Moisés en la ley, y también los profetas, a Jesús de Nazaret" (Juan 1:45)

Cuando yo lo encontré, apenas podía creer que ese realmente era Jesús. Fue un impacto terrible. ¿Te refieres a mi imaginación, que todo el día uso mal? ¿Que he pensado en las cosas desagradables de la gente? Y que he hecho todo los esfuerzos posibles y he fracasado, sin embargo, él estaba dentro de mí como mi imaginación ¿y yo no lo sabía? Todo lo que él dijo ¿se trata de mí?

Bueno, te digo, después de que superas el impacto, empiezas a hacer algo al respecto. Ahora, él dijo:

"Yo soy la vid verdadera y mi Padre es el viñador" (Juan 15: 1)

"Yo y el Padre somos uno". (Juan 10:30)

Entonces, cuando vaya y prepare el lugar, vendré otra vez y te tomaré conmigo, te llevaré a través de un puente de incidentes, para que donde yo estoy en conciencia, tú estés allí en la carne. Y ellos dijeron:

"¿A dónde vas? No conocemos el camino".

"Yo soy el camino, soy la verdad, soy la vida" (Juan 14:3-6)

"Conocerás la verdad, y la verdad te hará libre" (Juan 8:32)

Si "Yo soy la verdad" y "Conocerás la verdad, y la verdad te hará libre", entonces, cuando me conozcas serás libre, pero solo en la medida en que me conozcas, porque "Yo soy la verdad". Pues bien, si la verdad te hace libre, solo en la medida en que me conozcas a Mí eres libre.

Entonces, le dijeron: "Señor, muéstranos al Padre. Y él dijo: Hace tanto tiempo que estoy contigo, ¿y aún no me conoces? El que me ve a mí, ve al Padre" (Juan 14: 8-9)

"Yo y el Padre somos uno" (Juan 10:30)

Por lo tanto, si mi padre es el viñador, entonces, yo soy el viñador. No puedo permitir que otro lo haga por mí; de hecho, yo tengo que podar esta vid, porque mi Padre es el viñador y yo soy el Padre. Eso es lo que te dice. Así que, me siento aquí y hago todo lo posible para simplemente superar estas creencias fijas dentro de mí y estos prejuicios dentro de mí, porque debo podarlos de esta vid si quiero que crezcan estos racimos completos y limpios para devolver la mano a quien sabiamente la hirió.

Empiezo con mi propia y maravillosa imaginación humana, y luego limpio el árbol, limpio la vid y cultivo cosas hermosas en mi mundo, porque todo el vasto mundo no es más que la efusión de mis actividades imaginarias. Entonces, si no lo hago, bueno, está bien, dejaré las hojas, las hojas inútiles que crecen en la vid.

Esto lo sé por mi propia experiencia. Cuando lo descubrí, después de que pasó el impacto, tuve que hacer algo al respecto, así que comencé a podar la vid y comencé a asumir que soy el hombre que la razón me dice que no soy. Mis sentidos niegan que lo sea, pero me atrevo a persistir en mi asunción de que realmente soy el hombre que quiero ser, de modo que ya no quiera serlo, sino que sienta que lo soy. Aunque en ese momento la razón lo negó, con el tiempo me convertí en ese hombre. Con el tiempo me mudé al entorno en el que ese hombre se encontraría viviendo, con todas las cosas que en ese momento negaban mis sentidos; con el tiempo, lo cumplí.

Entonces, ¿dónde te hospedas? Bueno, te diré dónde te hospedas. Ese estado de conciencia al que regresas más a menudo constituye tu lugar de residencia. Puedes observarlo. Mañana, tarde y noche sigues volviendo psicológicamente a un determinado estado. Crees que lo has superado, y luego mira, observa lo que está haciendo. Te encontrarás regresando una y otra vez al mismo estado con tus mismos problemas.

Ahora, en este mundo nuestro hay innumerables estados. "En la casa de mi Padre, hay muchas mansiones", innumerables mansiones; estas mansiones son estados de conciencia. Si no fuera así, te lo habría dicho ... y ahora voy y preparo un lugar para ti y cuando me vaya volveré y te llevaré conmigo, para que donde yo esté en conciencia, tú estés también en la carne.

Por lo tanto, descubro que ya no me gusta este estado, y si no me gusta este estado, hay innumerables estados. ¿Qué te gustaría experimentar ahora? Nómbralo. Habiéndolo nombrado, debo entrar en ese estado. Como dijo Blake:

"Si el espectador pudiera adentrarse en estas imágenes en su imaginación, acercándose a ellas en el carro de fuego de su propio pensamiento contemplativo, si pudiera hacerse amigo y compañero de una de estas imágenes, entonces se levantaría de la tumba y se encontrarían en el aire y él sería feliz".

Tienes que entrar en el estado y no simplemente verlo como algo externo. Es realmente entrar en el estado. Entro en el estado trayendo el estado hacia mí. Hago que *allí* sea *aquí*. Hago que *luego* sea *ahora*. Estando aquí, todos pueden hacerlo, y hacerlo ahora, pero no lo hagas a la ligera porque funcionará. Si deseas ir a algún lugar nuevo en este mundo, tal vez no puedas pagarlo, o tal vez no puedas tomarte el tiempo, o tal vez los problemas en este momento te negarían que realmente deberías hacerlo ahora. Bueno, no consideres estas cosas. Asume que estás en ese lugar ahora. Asume que ahora te encuentras en la posición en la que deseas estar en los negocios.

Supongamos que quieres un ascenso en tu trabajo, ¿cómo verías el mundo si te ascendieran? ¿Dónde te sentarías en la empresa si fueras ascendido? ¿Qué oficina ocuparías? Bueno, ocupa esa oficina. ¿Qué escritorio sería tuyo? Siéntate en ese escritorio. No le estás robando el trabajo a nadie. Lo más probable es que ellos también sean promovidos.

No intentes quitarle a otro, no hagas lo que sientes que no te gustaría que te hicieran a ti. No. La Regla de Oro te guiará. Tú no le quitas a nadie, simplemente te promueves a ti mismo, y si te guías por la Regla de Oro, haciendo a los demás lo que te gustaría que te hicieran a ti, no puedes equivocarte. No te preocupes por nada externo. Solo debes saber lo que quieres.

Quieres ser promovido; quieres más ingresos, bueno, asume que lo tienes. Para demostrar que lo tienes —todo en tu imaginación— miras tu mundo y dejas que el mundo te vea como tendría que verte si fuera verdad. Hablas con tus amigos en tu imaginación como si fuera verdad. No les dices nada al respecto. Lo haces todo en tu imaginación, duermes en ese supuesto como si fuera cierto y luego verás cómo funciona. Por experiencia te digo que, sin ningún esfuerzo consciente de tu parte, aparecerán una serie de eventos y caminarás a través de esta serie de eventos que te llevarán al cumplimiento de tu asunción.

Entonces, sé por experiencia que, si se persiste en la asunción, aunque sea falsa, se convertirá en un hecho. Simplemente asumo que lo es, y habiéndolo asumido, he encontrado el Ser en mí, él es Cristo. Todas las cosas son posibles para Cristo. Si Cristo es algo diferente de Aquel de quien hablo, es un asunto completamente diferente. Pero yo estoy convencido de que el Cristo de las Escrituras es la imaginación humana. Y habiéndome convencido de que lo es, creeré implícitamente en su poder. Como se nos dice en las Escrituras: "Cristo es el poder de Dios y la sabiduría de Dios" (1 Corintios 1:24)

Por lo tanto, si él es el poder de Dios y él es la sabiduría de Dios, y él es mi imaginación, entonces, no necesito a nadie más porque ese es el Poder Creativo de Dios. ¿Por qué necesito de alguien? No necesito su ayuda si puedo imaginar.

Entonces, ¿puedo atreverme a asumir que soy el que me gustaría ser? ¿puedo atreverme a asumir que un amigo mío es como me gustaría que fuera y convencerme de que es verdad? Bueno, en ese caso, no busco confirmación;

simplemente asumo que lo es y luego dejo que suceda, porque esa cosa tiene su propia hora señalada y florecerá. Si me parece que tarda mucho, debo esperar, porque es seguro y no será tarde. (Ver Habacuc 2: 3) No por sí mismo. Esa semilla que acabo de plantar puede madurar mañana; podría ser la semana que viene o puede llevar un año, no lo sé. Pero estoy seguro de que debe surgir si lo que estoy diciendo es cierto. Simplemente créelo y deja que se haga realidad.

Si lo haces, no encontrarás oposición en el mundo. No necesitas la ayuda de nadie en el mundo, ninguna en absoluto. Todo lo que necesitas es una completa fe en Dios, y Dios es tu propia maravillosa imaginación humana. De modo que tener fe en tu propia maravillosa imaginación es tener fe en Dios. Porque si Dios está en mí, realmente debería hacer todo esfuerzo posible por encontrarlo justo donde está; y encontrarlo como Aquel que crea todas las cosas en mi mundo, como se me dice en las Escrituras: "Por él todas las cosas fueron hechas, y sin él nada de lo que ha sido hecho, fue hecho" (Juan 1: 3)

Bien, observo mi mundo y trato de recordar si alguna vez imaginé eso. A veces recuerdo vívidamente que alguna vez lo imaginé. Bien, si "todas las cosas fueron hechas por él" y lo percibo, aunque sea una vez, pero si lo percibo, digamos, una docena de veces y puedo relacionar las cosas que ahora estoy a punto de cosechar con algo que alguna vez solo imaginé, entonces lo he encontrado a él, porque he encontrado el secreto.

El individuo tiene muy mala memoria y no puede recordar cuándo puso en marcha ese acto imaginario, pero lo está haciendo mañana, tarde y noche. Todo el día está imaginando, pero se olvida de lo que está imaginando y cuando llega el momento de la cosecha, niega su propia cosecha. Pero si puedo sentarme y deliberadamente escribirlo si es necesario, y decir: voy a hacer esto, voy a hacer aquello, voy a hacer lo otro. Luego, lo hago en mi imaginación y le doy los tonos de realidad, y habiéndolo hecho simplemente espero por el resultado. Yo sigo con los asuntos de mi padre imaginando cosas hermosas y cosas aún más hermosas, y entonces, cuando surge, sé que todas las cosas deben ser según su especie.

Esa es la ley de la vida. Todas las cosas producen según su especie. Por consiguiente, no puede surgir algo diferente a lo que he plantado. Por lo tanto, si planto seguridad asumiendo que soy seguro —ese es un término relativo, te lo aseguro— pero para mí, lo que yo considero ser seguro, con el tiempo llega.

Alguien dijo: "Bueno, Neville, después de todo, tú no lo ganaste". Alguien me dijo la semana pasada:

—"Tu padre te dio seguridad, tu padre terrenal. Tú no lo ganaste".

—Yo dije: "Está bien, pero tuve la sabiduría de atraer al padre correcto, ¿no es así?"

Entonces, asumo eso —bien, él es mi padre y mi madre, yo los elegí. Nada sucede por accidente. Yo no soy solo el resultado de dos personas que se amaban y luego vine por accidente. Vine a este mundo por una cierta ley, de acuerdo a un principio. Ellos comenzaron sin un solo centavo en el mundo y luego, cuando dejaron este mundo, pudieron dar riqueza independiente a diez hijos, a cada uno de ellos. Pero ellos dicen: "No lo ganaste". Bueno, yo no diría que no me lo gané. Me gané su amor, su respeto. Ciertamente los amé hasta el último momento de sus vidas, y eso no se detuvo cuando partieron de este mundo. Mi amor por ellos es tan profundo hoy, aunque no sean visibles al mundo, como lo era cuando podía verlos y tocarlos. Tengo sus fotos en mi sala de estar; hablo con ellos a diario, esté o no la foto. Ellos siguen vivos en mi mundo. Todo en mi mundo es simplemente el resultado de mis padres. Mis hermanos y mi hermana hacen lo mismo. Por lo tanto, no diría que no lo gané, pero tú no tienes que ganártelo. Simplemente te apropias, porque te dicen que todo es Dios, y si Dios está en ti ¿qué tiene que ganar Dios?. Se nos dice en el salmo cincuenta:

"Si tuviera hambre, no te lo diría a ti, porque mío es el mundo y todo lo que hay en él" (Salmo 50:12)

"Mío es el ganado sobre mil colinas" (Salmo 50:10).

Entonces, ¿por qué debería decirte si es todo mío? Lo mataré y lo comeré, pues si es mío, entonces, solo me apropio de ello. Pero si no sé que es mío, podría morir de hambre por falta de un dólar y, aun así, seguir siendo dueño del mundo. Pero si lo he encontrado a él, y él es el dueño de todo, entonces lo he encontrado todo. Lo único que necesito hacer es simplemente apropiarme, sin pedir permiso a nadie.

Todos tenemos nuestros problemas, todos los tenemos, pero la solución siempre está ahí. Yo simplemente me apropio de la solución. No estoy tratando de negar el problema porque esta es una escuela de oscuridad educativa y estamos aquí, no para convertirla en un hogar, sino dejarla como una escuela y simplemente usarla como una escuela. De este modo, cuando surgen los problemas, simplemente los resolvemos como resolvemos los problemas en la escuela. Es por eso que estamos aquí, para utilizar este talento.

El talento es Dios. Él realmente, literalmente, se dio a sí mismo a nosotros, para que podamos ser Dios.

"Él literalmente se hizo como nosotros,

para que nosotros podamos ser como él".

(Blake)

Ahora, les pido a todos que lo prueben. No tomen mi palabra, sino pruébenlo, y si se demuestra en la prueba, qué importa lo que diga cualquier persona del mundo. Si tienes la evidencia de algo, está bien, tienes la evidencia. Puede parecer una locura para el mundo. Pero ¿qué importa?

En las Escrituras encuentro la confirmación de todo lo que estoy hablando. La Biblia no está escrita como historia secular, pero el mundo la ha tomado como historia secular. No es historia secular; es historia de salvación. El Antiguo Testamento es un bosquejo; es un presagio del plan de redención de Dios, pero la gente ha confundido completamente estos personajes con personas. Son simplemente personificaciones de estos estados eternos.

Esta noche hemos hablado de Moisés. Bueno, ese es un nombre, pero un nombre en la Biblia no significa una pequeña etiqueta de identificación. Dices la palabra "Neville". Tú dices "Neville" y yo me doy vuelta.

Respondo al nombre "Neville" porque es una etiqueta. Pero no en las Escrituras; estos son simplemente estados de conciencia, y la palabra "Moisés", como la uso esta noche, significa "nacer". Es el antiguo perfectivo del verbo egipcio "nacer". Entonces, aquello que ha de nacer viene al mundo y nadie lo reconoce, porque no es como el mundo pensó que debía nacer. Nace en el individuo, porque Dios está sepultado en él y se despliega en él. Así que, cuando él se despliega en el individuo y éste le dice al mundo lo que le sucedió, no puede compartirlo con el mundo, porque lo que nació en él no pertenece a este mundo. Por eso se dice que él nació de manera antinatural. No tuvo un padre terrenal porque la madre concibió sin la ayuda de un hombre. Esa es toda la historia. Es algo en el individuo. Ya está ahí. Estaba allí "antes de la fundación del mundo". Dios está realmente, literalmente, enterrado en el cráneo humano, y en ese cráneo un día despertará del sueño —el sueño de la vida. Cuando despierte, aquel en quien despierte, sabrá que es Dios. Y tiene todo el simbolismo para confirmarlo, porque la historia de Jesús será tu historia, y sabrás que eres él, porque se te dice: "A menos que creas que Yo Soy, morirás en tus pecados" (Juan 8:24)

Él viene al mundo en el hombre y el hombre no ha cambiado exteriormente. Sus amigos saben quién es; ellos dicen: "Conocemos a este hombre. Conocemos a su padre, conocemos a su madre, conocemos a sus hermanos", y nombran a los hermanos. En el libro de Marcos se nombran cuatro hermanos, así que se nombran a los chicos. Y hablan de las hermanas, en plural, así que aquí había un hombre de una familia normal con al menos cuatro hermanos y al menos dos hermanas, y él sería el séptimo de una familia de siete.

Bien, "Conozco a sus padres, conozco a sus hermanos, conozco a sus hermanas. Conozco su historial. ¿Por qué dice que bajó del cielo? ¿Cómo dice ahora que no es de este mundo? ¿Qué está tratando de hacer de sí mismo?" Bueno, cuando esto sucede en un hombre, él se da cuenta de que su nacimiento no fue del vientre de la madre terrenal que tanto ama; que el cuerpo aquí era de su madre —sí. Y sin duda el que él llama "padre" engendró a la mujer a quien llama "madre". En este nivel, él los ama profundamente, pero algo sucedió en él que lo convence de que es aquel de quien se habla en las Escrituras. Le ocurrirá a todo el mundo. Y en el que ocurra se convencerá de que es aquel del que se habla en las Escrituras, porque nació de una manera completamente diferente.

Cuando te ocurra a ti, no puedo decirte la emoción que sientes cuando vuelves a leer las Escrituras y ves el paralelo y confirma todo lo que te ha sucedido. Te encuentras despertando dentro de tu cráneo, y tu cráneo es una tumba. En realidad está sellado; no hay apertura. Y luego te elevas dentro de tu cráneo, y tienes una sabiduría innata porque Cristo no solo es el poder de Dios, él es la sabiduría de Dios. Por lo tanto, tienes una sabiduría innata sobre qué hacer y lo haces. Empujas la base de tu cráneo y algo cede, y sale tu cabeza a través de la base de tu cráneo. Y luego te sacas a ti mismo como un niño que sale del vientre de una mujer. Solo que, en lugar de salir del vientre de una mujer, sale de tu propio cráneo.

Cuando sales de tu propio cráneo, todo el drama se despliega ante ti; el bebé envuelto en pañales, como se dice en las Escrituras, y la persona promedio diría: "Ese es Cristo, el niño". No, léelo con atención.

"Esto les servirá de señal: hallarán a un niño envuelto en pañales y acostado en un pesebre" (Lucas 2:12)

El punto más bajo. Eso no es lo que ha nacido; es el símbolo de un nacimiento que no se puede ver. Nadie puede verlo. Encontrarás al bebé, pero el bebé solo simboliza al Dios, y Tú eres Dios.

Entonces, sales de tu propio cráneo donde fuiste enterrado a lo largo de los siglos, y luego te despiertas. Y los testigos vienen a dar testimonio del hecho de que naciste, pero no pueden verte. ¿Por qué? Porque eres Dios y Dios es Espíritu. Estás más vivo que nunca, pero no puedes ser visto por los ojos mortales. Ellos están presentes y saben lo que es el niño. Uno de ellos dirá — llamándote por tu nombre— si tu nombre es Juan, él dirá:

—"¡Vaya, es el bebé de Juan!"

Y los demás, en mi propio caso, preguntaron:

—"¿Cómo puede Juan tener un bebé?"

En mi caso, mi nombre es Neville, así que ellos preguntaron de la manera más incrédula, cómo Neville podía tener un bebé. Uno de ellos, el que encontró al niño, recogió al bebé del suelo, lo trajo y lo puso sobre la cama. Y luego yo tomé a ese bebé envuelto en pañales y mirándolo a la cara, le dije:

—"¿Cómo está mi amor?"

Y el niño rompió en la sonrisa más celestial. Luego todo se desvaneció. Ese fue el nacimiento de Dios desde arriba. Y cada niño está destinado a tener esa experiencia.

Después de esa, vinieron tres experiencias poderosas, terminando en el día mil doscientos sesenta. Mil doscientos sesenta días después, vino la paloma —el símbolo de la paloma. Todo lo que se dice de él en las Escrituras lo he experimentado. Soy el mismo Neville, con los mismos padres, los mismos hermanos y la misma hermana, con las mismas debilidades de la carne y las limitaciones de la carne, sin embargo, no puedo negar que algo en mí, lo que llamo el "yo" de mí —mi verdadera identidad— pasó por estas experiencias.

Así, el cristianismo se basa en la afirmación de que sucedieron una serie de eventos en los que Dios mismo se reveló en acción para la salvación del hombre, y estos son los eventos. Yo he experimentado realmente estos eventos, y ahora los comparto con ustedes para poder alentarlos a que la historia es la historia más verdadera jamás contada. Pero no es como se cuenta. Se cuenta como historia secular. No es historia secular; es la historia de la salvación. Y cada niño nacido de mujer va a tener esta experiencia, y solo cuando la tengamos, escaparemos de este mundo de muerte.

Este es un mundo de muerte. Dios literalmente murió. En el sentido más literal, él muere.

"Porque a menos que yo muera, tú no puedes vivir, pero si yo muero, me levantaré de nuevo, y tú conmigo". (Blake).

Entonces, el ser humano se levanta como Dios, porque Dios murió por el ser humano. Él realmente se hizo uno contigo, y luego, a través de estas espantosas experiencias en el mundo, rompió esa división entre los dos y te convertiste en uno, no tú y Dios. La partición cayó, y tú eres Dios. Entonces te levantas como Dios.

Ahora, he traído un mensaje al mundo, que nunca he visto en ningún libro, ni he escuchado de ningún labio, pero sé por mi propia experiencia que es absolutamente cierto. Como te he contado, fui criado en la fe cristiana y todavía me considero cien por ciento cristiano, no en el sentido ortodoxo de la palabra, porque ya no puedo admitir que el cristianismo ortodoxo, es decir, la religión organizada, sea el repositorio de la verdad cristiana o de la experiencia espiritual. Veo a la religión organizada como un tremendo poder. Es un enorme poder secular, varado en la forma —intereses creados. Yo no tengo ochenta mil millones de dólares en una cartera, como leí en 1967 en la revista Life, en la revista Time, en L.A Times y en el New York Times; todas ellas confirmaron, que la cartera de las tres religiones más grandes del país —la católica, la protestante y la judía— entre ellas tienen más de ochenta mil millones de dólares. Y eso es dinero libre de impuestos. Pero nada está libre de impuestos; los contribuyentes tienen que cargarlo, porque hay que cargarlo, pero ellos no lo están pagando.

El cincuenta y uno por ciento del Banco de América —el mayor banco de nuestro mundo— es propiedad de un grupo religioso, el cincuenta y uno por ciento. Y lo nombraron. Nombraron al grupo como los Jesuitas, que poseen el cincuenta y uno por ciento de las acciones y controlan los intereses de Phillips Petroleum. Eso es una fortuna. Bueno, con una cartera de ese tamaño, no tienes tiempo para las llamadas experiencias espirituales. Así que, cuando afirman que son el repositorio de la verdad cristiana, simplemente les doy la espalda. Es una tontería, porque no pueden serlo. No tienen tiempo en su mundo secular para la verdad espiritual.

Yo ahora estoy compartiendo contigo lo que nunca escuché de labios de otro. Nunca lo he visto en un libro, salvo en la Biblia. Ni siquiera lo vi allí hasta que sucedió. Estuvo allí todo el tiempo, pero no lo vi.

Alguien puede decir: —"Ahora, dime, si Dios es un padre, y él es un padre, la revelación final de Dios al hombre es la de un Padre". "Les he dado a conocer tu santo nombre, oh Padre". Esa es la revelación final de Dios al hombre. Bueno, si él es un padre, entonces, tiene un hijo, y se te ha dicho que tiene un hijo, y el hijo es Jesucristo. No, ¡no lo es! ¡Jesús es el Señor! Ese es el Señor Dios, y Cristo, su Hijo, es David.

Ahora, es posible que no lo creas. Puedes reírte de ello o pensar que es una blasfemia. Pero te digo que el David de fama bíblica es la personificación de la Humanidad. Si tomas todas las generaciones de la humanidad y todas sus experiencias y las fusionas en un gran todo, ese tiempo concentrado, en el que todas se funden y del que todas brotan, personificado, surge como la juventud llamada David —la eterna juventud. No hay duda en tu mente cuando lo ves. Sabes exactamente quién es él. Él sabe quién eres, te llama "padre" y tú sabes que es tu hijo. No es solo un David; es el David —David de fama bíblica. Y tú eres su padre, en el cumplimiento de las Escrituras.

En las Escrituras se te dice —y David está hablando: "Anunciaré el decreto del Señor que me dijo: Mi hijo eres tú, yo te he engendrado hoy" (Salmo 2: 7)

Luego, en el Salmo ochenta y nueve, leemos estas palabras —ahora son las palabras del Señor: "He encontrado a David, y él me clamará: Tú eres mi Padre, mi Dios, y la Roca de mi Salvación" (Salmo 89: 20 y 26)

Aquí encuentras la confirmación de la experiencia. Cuando me sucedió a mí, no tenía la menor idea de que esto era literalmente cierto. De hecho, ni siquiera lo sabía. Pero no podía negar la experiencia. Entonces, el final del viaje en este mundo llega con una explosión, pero no de la materia, sino una explosión de la mente. Mi mente explotó. Empezó a vibrar. Toda mi cabeza comenzó a vibrar y en el ápex del incidente estalló y cuando todo se asentó, allí estaba David ante mí. Allí estaba mirándome, la criatura más hermosa que alguien pudiera contemplar jamás: un muchacho de unos doce o trece años, tal como se describe en el libro de Samuel, apoyado en el costado de una puerta abierta y contemplando una escena pastoril. Ahí me mira y yo me deleito con la absoluta belleza de mi hijo, tal como se cuenta en las Escrituras.

Todos lo van a tener, porque él está en ti —porque la explosión se produjo dentro de mi mente. Sentí que toda la cabeza se partía; por lo tanto, "él ha puesto la eternidad en la mente del hombre, pero el hombre no puede descubrirlo desde el principio hasta el fin" (Eclesiastés 3: 11)

Mientras tanto, se produce la explosión y aquí viene lo que estuvo enterrado en ti todo el tiempo: la esencia de la Humanidad. La Humanidad es el Hijo de Dios. Pero la Humanidad personificada con todas sus experiencias sale como David. Lo miras y aquí estás tú, el Padre —el padre de David. Su padre en las Escrituras se llama Isaí. Bueno, "Isaí" es cualquier forma del verbo "ser". Literalmente, la palabra significa "Jehová existe", eso es lo que significa la palabra "Isaí".

"He encontrado a David, hijo de Isaí, varón conforme a mi corazón, quien hará toda mi voluntad" (Hechos 13:22).

La humanidad ha hecho la voluntad de Dios, porque Dios es la maravillosa imaginación humana. Cada acto imaginario que el individuo ha puesto en marcha alguna vez, lo realizó —bueno, malo o indiferente— porque hizo la voluntad de Dios. Dios permitió que el individuo cometiera errores, pero luego tiene que pagar el precio. Permitió que el individuo imaginara cualquier cosa en el mundo, y pagó el precio. Por lo tanto, todos han hecho la voluntad de Dios. "He encontrado a David, hijo de Isaí, varón conforme a mi corazón, quien hará toda mi voluntad".

Entonces, cuando pregunto: "¿Dónde te hospedas? Y él me dice: "Ven y verás" (Juan 1:38). A continuación llama a Felipe, y luego Felipe le dice a Natanael: "Encontré a aquél de quien escribió Moisés en la ley, y también los profetas, a Jesús de Nazaret" —Jesús el Nazareo, una vid sin podar.

Qué sorpresa es para el individuo cuando espera a un Jesús externo, él pensaba que Jesús lo estaba observando desde arriba, y en ese momento, cuando pensaba que tal vez lo estaban observando, trataba de ser bueno y esperaba poder ocultarle las cosas cuando no era bueno y conseguir un salvador externo. Luego descubre que no hay un salvador externo; todo está dentro de él. Ese Salvador dentro de él es su propia maravillosa imaginación humana, que siempre está consciente de cada acto imaginario y le permite cometer todos los errores del mundo y sufre con él.

En consecuencia, yo asumo que soy indeseado y entonces me vuelvo indeseado. Y luego olvido que asumí que era indeseado y me pregunto ¿por qué me pasó a mí? Me esfuerzo tanto por ser bueno, y aquí estoy, golpeado o abandonado. ¿Por qué? ¡Porque yo mismo lo hice!

Yo asumí que era algo pequeño, desconocido e indeseado, y luego me atreví a asumir que estaba contribuyendo al bien del mundo, aunque en ese momento no tenía nada que ofrecer, pero sentí que era así. Las cosas sucedieron y tuve algo que ofrecer. Luego, asumí que estaba contribuyendo en este mundo, y contribuí. Luego, asumí todo tipo de cosas que en el momento de la asunción me parecían algo imposible. ¿Cómo podría hacerlo? Pero lo hice, simplemente asumiendo que estaba hecho, viviendo en el supuesto como si estuviera hecho y mientras tanto, sucedió.

Ahora, cuando uno reflexiona sobre cómo sucedió, se inclina a dar todo el crédito a los medios empleados, pero los medios surgieron debido a la asunción. La asunción crea los medios empleados. El mundo te dirá:

—"¿Sabes por qué sucedió? Conociste a Fulano de Tal, te presentaron a Fulano de Tal, y luego las condiciones cambiaron en el mundo, y por eso sucedió".

¡No es así, en absoluto! Sucedió porque te atreviste a asumir lo que asumiste, y tu asunción creó los medios para realizarse.

Entonces, si quieres saber dónde te hospedas, pregúntate a qué estado de conciencia regresas con más frecuencia.

Ahora, para mostrarte lo maravilloso que es el Ser del que hablo. ¿Has dicho algún día de la semana: se siente como domingo? Podría ser lunes, martes, miércoles, jueves, pero se siente como un domingo. Bueno, ¿cómo podría sentirse como un domingo? Tienes alguna asociación con algo. Y cuando dices: se siente como el otoño del año, o se siente como la Navidad —no tienes que esperar a la Navidad para sentir la Navidad— en algún momento de tu vida sentiste "se siente como Navidad". Puedes evocar ese sentimiento y luego, cuando evoques el sentimiento de la Navidad, siente que algo que deseas ha ocurrido, digamos, en el mes de julio, y luego suéltalo. A medida que avanzas hacia la Navidad, cuando llega la Navidad, aquello que realmente sentiste que era tuyo en Navidad, cuando llega la Navidad, de una manera que no conocemos, sucede. Aquello se hace realidad.

Eso es lo que quiere decir con:

"Iré y prepararé un lugar para ti, y cuando vaya a prepararlo para ti, vendré otra vez y te tomaré adonde yo voy; para que donde yo esté, tú estés también" (Juan 14:3)

¿Dónde estoy? ¿Dónde estamos nosotros? En Navidad —allí es donde estoy— "Allí también estarás tú". Él te llevará hacia adelante a través de los meses, no los va a saltar. Las cosas se construirán por sí mismas hasta que llegue la Navidad, tú y yo juntos, porque no puedo divorciarme de ti, cuando lleguemos a la Navidad, aquello sucederá.

Puedes tomar un día, tomar un mes, tomar cualquier cosa; y puedes decir: "Esto se siente como un domingo". Tienes varias asociaciones con el día llamado domingo. Por lo tanto, depende completamente de ti usar tu propia imaginación sabiamente. Y si alguna vez tienes dudas, utilízala con amor y nunca te equivocarás. Utilízala siempre con amor.

No tienes que quitarle nada a nadie en este mundo. Déjalos tal como son. No les robes, déjalos como son. Si lo deseas, o si ellos desean a través de ti, trascender su estado actual, tú asumes que lo han trascendido. Puede que nunca te lo agradezcan. Es posible que nunca se vuelvan para decir, "gracias". Realmente no importa. Has visto la evidencia de tu acción y eso te satisface lo suficiente. No necesitas su agradecimiento. Serían sabios si te lo agradecieran; sería bueno para ellos decir, "gracias", pero si lo dicen o no, realmente no importa.

Así que, aquí te estoy diciendo que el mundo desconoce por completo el Ser, ellos hablan de él como algo que vivió hace dos mil años.

No escuché a una dama esta noche antes de subir a la plataforma. Eso no es de mi agrado. Pero me contó que anoche él dijo —en un auditorio enorme— que, si no dejamos de pecar, Dios nos va a tomar a todos y nos va a arrojar en un lago de fuego. Y según los informes, un periodista habría dicho: "Me pregunto si Billy Graham – —él es un buen tipo, parece un buen tipo— me pregunto si él haría eso". Bueno, ciertamente si él no haría eso, ¿por qué piensa que un Dios de Amor lo haría? Qué conceptos tan extraños tienen de Dios.

Les digo que Dios no puso a prueba el Amor como se nos dice en las Escrituras. Lo sé por experiencia, él es Amor Infinito. Yo estuve en presencia del Señor Resucitado y él es Amor Infinito, no obstante, él es un Hombre. Que nadie te diga que no es un hombre.

"Dios es hombre. Y el hombre es Dios y existe en nosotros, y nosotros en él".

"Y el cuerpo eterno del hombre es la imaginación, y ese es Dios mismo". (Blake)

No hablo de la imaginación como alguna vaga esencia. Hablo de la imaginación como un Ser, un Ser majestuoso, un Ser de Amor Infinito, pero una persona. "Un cuerpo ... un Espíritu ... un Dios y Padre de todos" (Efesios 4: 4, 6).

Un día serás incorporado a ese cuerpo y será tu cuerpo. Serás incorporado a ello, y será tu Espíritu y realmente ejercerás el poder que es Dios, porque entonces, tú eres Dios. Él se convirtió en ti, para que tú puedas convertirte en él.

Esta noche, de una manera sencilla, cuando vayas a casa, o puedes hacerlo ahora en el Silencio, si sabes lo que quieres, ya sea para ti o para alguien que conoces, asume que eres aquel que deseas ser, o que tu amigo es como quieres que sea, luego comunícate con tus amigos en el ojo de tu mente. Haz una imagen mental de ellos y permíteles que te feliciten por tu buena fortuna, acéptala y continúa tu conversación desde la premisa del deseo cumplido. Está hecho. Ahora, no lo dudes. No te sientas avergonzado. Cree en ello. Cree en la realidad del acto imaginario. Porque el Ser que lo está haciendo "No es de este mundo". Este cuerpo es de este mundo. "Tú eres de abajo. Yo no soy de este mundo. Tú eres de abajo. Yo soy de arriba". Y "arriba" y "adentro" son lo mismo. "Yo estoy dentro de ti" No puedes verme como ves los objetos en el espacio, porque Yo Soy la Realidad que el mundo llama "imaginación".

Tú no puedes ver la imaginación, pero tienes pruebas de la imaginación. Tú no puedes verme —el verdadero Yo— pero ves la evidencia, la prueba de mi actividad; así que no me busques como algo objetivo para ti, porque Yo estoy dentro —tu propia maravillosa imaginación humana.

Ahora,
Entremos en el Silencio.

9

ALCANZA EL ESTADO DE ÁNIMO

Sin Fecha

El mensaje de esta noche te parecerá muy práctico. No creo que moleste a nadie, sin embargo, hay que hacer algunos ajustes con respecto a lo que la gente cree que es Dios y lo que Dios realmente es. En las Escrituras, en el nacimiento de los gemelos donde comienza el gran drama, se nos dice: (y ahora no estoy hablando de nadie, sino de ti individualmente)

"En tus miembros hay dos naciones,
razas rivales desde su nacimiento;

uno ganará el dominio,
el menor reinará sobre el mayor".
(Génesis 25:23, Traducción de Moffatt)

Estos están individualmente en ti. Se nos dice que el menor, que naturalmente es el segundo —el "Segundo hombre" — es el Señor del cielo. Ese es el segundo hombre; él duerme en ti. Tú lo despertarás y él se convertirá en el Maestro. El reinará.

Por el momento, la mayor parte del mundo, es totalmente inconsciente de ello. Entonces, él duerme y por eso no reina. Aquel conocido en las Escrituras se llama Jesucristo; el Señor Jesucristo es tu propia maravillosa imaginación humana. Ese es Dios.

Ahora, todo el vasto mundo, y todo lo que hay dentro de él, no es más que el apaciguamiento del hambre. Eso es toda la vida: el apaciguamiento del hambre. Y hay infinitos estados a partir de los cuales el Señor puede ver el mundo para apaciguar esa hambre. El "primer hombre" no puede hacerlo. Él solo puede alimentarse de lo que dictan sus sentidos. Dondequiera que esté, se alimenta de los hechos de la vida tal como los ve.

Se necesita al "segundo hombre" para liberarse de esa restricción y entrar en un estado —cualquier estado en el mundo— alimentarse de él y luego, con el tiempo, traer al "primer hombre" para que se alimente de él.

Se nos dice en el capítulo catorce de Juan: "No se turbe su corazón, ni tengan miedo. Crean en Dios, crean también en mí".

Ahora bien, no se trata de un hombre hablándote desde afuera. "Crean también en mí". "Tú crees en Dios, cree también en mí". En el mismo capítulo te va a decir que él es Dios. Pero, ¿quién creería realmente que esta presencia dentro de sí mismo es Dios?

Él te dice: "Estén quietos y sepan que yo soy Dios". Este no es otro hombre el que te habla, sino tu ser. "Quédate quieto y sepan que 'Yo Soy' es Dios". ¿Puedes creer eso? Si puedes creer eso, entonces todo es posible para ti. Porque "todas las cosas son posibles Dios" (Mateo 19:26) ¿Puede alguien realmente creer eso? Eso es lo que me dicen en el Salmo cuarenta y seis, "Quédense quietos y sepan que Yo..." Ahora pone allí la pequeña palaba *ser*.

Luego se nos dice que él duerme, y entonces viene la llamada: "Despierta. ¿Por qué duermes, oh Señor? No nos deseches para siempre" (Salmo 44:23)

Él duerme en el ser humano. El individuo tiene que despertarlo. Él no sabe que su propia maravillosa imaginación humana es Dios.

"En la casa de mi Padre hay muchas mansiones. Si no fuera así, se lo hubiera dicho; porque voy a preparar un lugar para ustedes. Y si me voy y les preparo un lugar, vendré otra vez y los tomaré adonde yo voy; para que donde yo esté, allí estén ustedes también" (Juan 14: 2, 3.)

Esta conversación tiene lugar en ti individualmente, entre dos. Ahora me estoy hablando a mí mismo:

"En la casa de mi Padre" —yo soy el Padre — "hay muchas mansiones" —estados de conciencia. "Si no fuera así, te lo hubiera dicho, porque voy a preparar un lugar. Y si me voy y te preparo un lugar, vendré otra vez y te

119

tomaré adonde yo voy; para que donde yo esté, allí estés tú también".

Ahora estoy aquí, y mis sentidos me atan en estas habitaciones, pero yo no quiero estar aquí. Quiero estar en otro lugar, pero estoy atado por lo que sé. Conozco mi saldo bancario; conozco mis obligaciones en la vida. El "hombre externo" se alimenta de eso, pero quiere más que eso. Hay algo en mí —el "segundo hombre" que ha nacido del cielo— que me dice que hay innumerables mansiones a las que puedo ir —tú no puedes ir— yo puedo ir y prepararla para ti. Pero "cuando vaya a prepararla para ti, vendré otra vez y te tomaré adonde yo voy; para que donde yo esté, tú estés también".

Entonces, ¿cómo lo hago? Observo mi mundo y veo que estoy muy restringido. Me gustaría mejorar, trascender todo mi entorno; convertirme en una persona más grande, una persona más segura, donde esté haciendo un mejor trabajo en el mundo. Me gustaría hacer todas estas cosas, pero la razón me dice que no las estoy haciendo y mis sentidos confirman mi razón. Ahora bien ¿hay algo en mí, que es mi Verdadero Ser, que puede hacerlo? Sí, mi imaginación puede hacerlo. Por lo tanto, en mi imaginación voy y preparo el estado. De hecho, entro en el estado y lo lleno con mi propio ser, y veo el mundo desde ese estado. No pienso en ello, sino que pienso desde ello. Cuando pienso desde ello, en realidad estoy preparando ese estado. Luego regreso a donde dejé esto —el hombre externo— y una vez más me fusiono con él, una vez más nos convertimos en uno. Ahora lo llevo a través de un puente de incidentes, una serie de eventos que me llevan hacia lo que he preparado; lo llevo conmigo y entro en ese preciso estado. Ahora, literalmente, se alimenta de ese estado.

Esto es lo que yo llamo oración. No voto por ello; no pido, no le pido a ningún ser del mundo, a nadie, incluyendo lo que el mundo diría que es Dios, porque cuando encuentras a Dios estando quieto y sabes que "Yo Soy" es Dios, entonces, ¿a quién puedes recurrir por algo en este mundo? Si realmente crees en las Escrituras: "Quédate quieto y conoce que Yo Soy Dios". Si no estás familiarizado con las Escrituras, léelo en el capítulo cuarenta y seis de los Salmos de David, el versículo diez. "Quédense quietos y sepan que Yo Soy Dios", entonces, ¿a quién puedes acudir? Es una comunión interna con el Ser. Pero el individuo habla con un Dios externo, le ruega y le suplica a un Dios externo.

Esto me recuerda una cena que ofreció William Lyons Phelps. Si no sabes quién era, él fue uno de los realmente grandes educadores de nuestro país en este siglo XX. Él y la Sra. Phelps invitaron a Edna Ferber, la escritora. Cuando ellos se sentaron a cenar, la Sra. Phelps le dijo:

—"William, por favor, da las gracias por la comida".

Él cerró sus ojos, inclinó la cabeza y después de unos diez o quince segundos dijo:

—"Amén".

—Ella le dijo: —"Vaya, William, no escuché ni una palabra de lo que dijiste".

—"No estaba hablando contigo, querida" —dijo él.

La gente se sienta a dar las gracias como: "Bendice las manos que prepararon esta comida". Todas estas palabras no significan nada. Tú vas al interior y no pides, te apropias. La oración no es nada más que la apropiación subjetiva de la esperanza objetiva. Espero esto y lo otro, lo quiero como un hecho objetivo. Ahora debo ir hacia adentro y apropiarme subjetivamente de ello.

Entonces, la oración es la apropiación subjetiva de la esperanza objetiva. Eso es lo que yo llamo "fe en Dios", que no es más que fe en mi Ser, porque el Ser del hombre, la verdadera identidad del hombre, es Dios. Ese es "Jesucristo" de las Escrituras.

"¿No te das cuenta de que Jesucristo está en ti?" Ponte a prueba y verás. Esto es lo que se nos pide que hagamos en la segunda carta de Pablo a los Corintios. (Léelo en 2 Corintios 13:5) "Examínense a ustedes mismos y vean si permanecen en la fe. Pónganse a prueba. ¿Acaso no saben que Jesucristo está en ustedes?"

Por lo tanto, si él está en mí, ¿adónde iré para encontrarme con él? ¿Cómo me dirigiré a él? Él está en mí. Él está en mí mismo Ser. Simplemente entro en comunión con mi Ser.

Hay innumerables estados en el mundo, así que selecciono el estado que quiero expresar en este mundo, y no te pregunto a ti, ni a nadie más en el mundo si es bueno para mí. No le pregunto a nadie. ¿Entra en el marco de la Regla de Oro? ¿Lo que estoy pidiendo ahora, lo pediría para otro? ¿Lo que estoy pidiendo ahora para otro, es algo que pediría para mí? Bueno, la regla de oro es: "Haz a los demás lo que te gustaría que te hicieran a ti". Si tienes eso en cuenta, no puedes equivocarte.

¿Qué hay de malo en pedir para otro cualquier cosa en este mundo que pedirías para ti mismo? ¿Hay algo de malo en ser seguro? Nada. ¿Algo malo en estar limpio, saludable y decente? ¿Hay algo malo en ser alguien que contribuye al bien del mundo? ¿Qué hay de malo en eso? ¿Hay algo malo en estar felizmente casado, orgulloso de la chica que lleva tu apellido, o ella orgullosa del hombre cuyo apellido lleva? ¿Qué hay de malo en eso?

Olvídate de eso. Todo el vasto mundo es un campo para cosechar. No elijas a esta persona o aquella persona. Elige el estado. Quiero ser plenamente feliz, y si lo fuera, ¿cómo vería el mundo? ¿Y cómo me vería el mundo a mí? Bueno, cierra el mundo, ve adentro y aprópiate de ese estado. Y desde adentro, deja que tus amigos te vean como tendrían que verte si lo que ahora estás asumiendo que eres realmente es cierto.

Por eso he titulado la charla de esta noche "Alcanzando el estado de ánimo". Todo esto se basa en ese estado de ánimo. El capítulo veinticinco del libro del Génesis dice que dio a luz a gemelos, que en sus miembros estaban estas razas rivales, razas rivales desde su nacimiento, llamadas en las Escrituras "Esaú" y "Jacob". Y tú piensas que eran dos personas que vivieron hace miles de años. No, ellos están justo aquí, en cada uno en este mundo. Estos son los eternos estados de conciencia personificados en las Escrituras como dos niños pequeños.

Las Escrituras no son una historia secular. Es la historia de la salvación. Entonces, ellos no vivieron hace miles de años; ellos viven ahora en ti y tienes que dar a luz a los dos. Has dado a luz al primero; el primero es tu "hombre externo", que es el hombre de los sentidos, uno que está cubierto de pelo, como se nos dice. Esaú viene primero y estaba cubierto de pelo por todas partes. Ya seas hombre o mujer, estás cubierto de pelo por todas partes. Ese el tú externo, el ser del mundo de los sentidos.

Luego viene el "segundo hijo", el muchacho de piel suave, llamado Jacob. El nombre "Jacob" significa suplantar. Él va a suplantar a su hermano; él es el segundo, pero vendrá primero. El segundo hombre es el Señor del cielo; y el segundo hijo es tu propia maravillosa imaginación humana. Cuando la agitas, lo despiertas y lo haces nacer, puedes hacer maravillas en este mundo.

Pruébalo ahora mismo. Te sientas aquí, en esta habitación, estoy aquí y en un abrir y cerrar de ojos podría ponerme fuera de esta habitación y verla desde allí, y ver el interior de esta habitación, no desde este atril, sino desde afuera. Eso es ejercitar el Ser Interno. Salir mentalmente, no físicamente, y mirar esta habitación desde afuera. Mientras estoy sentado aquí, puedo ponerme en mi habitación del hotel en la planta baja, y luego ver esta habitación y pensar en ella, pero pensando desde mi habitación en la planta baja. Puedo ponerme en cualquier parte del mundo y pensar desde ahí, pensar en el mundo y en todo lo demás. Ese es el secreto: pensar desde lo que quiero, en lugar de pensar en lo que quiero.

Cuando sé lo que quiero en este mundo, si pienso en ello siempre estará más allá de mi alcance. Por eso, cuando sé lo que quiero, entro en ese estado y pienso desde ahí. Ponte mentalmente en tu propia casa ahora y observa este edificio —este club— desde tu casa, y verás este edificio no desde él, piensas en él y lo estás viendo desde tu habitación.

Ahora, el estado de conciencia al cual regresas más constantemente es el lugar en el que realmente habitas, ese estado habitual desde el cual ves el mundo. ¿Lo ves desde la pobreza, diciendo: "Soy pobre"? ¿Caminas por la calle sintiéndote: "Qué pobre soy?" Entonces estás viendo el mundo desde el estado de pobreza. ¿Estoy viendo el mundo desde el estado de alguien que es completamente desconocido y no deseado? Bueno, ese es mi hogar. El lugar al que regreso habitualmente constituye mi morada. Pero no necesito habitar allí.

"En la casa de mi Padre hay muchas mansiones. Si no fuera así, se lo hubiera dicho; porque voy a preparar un lugar para ustedes. Y si me voy y les preparo un lugar, vendré otra vez y los tomaré adonde yo voy; para que donde yo esté, allí estén ustedes también".

Entonces, ahora tomo un estado. Quiero ser conocido. Quiero contribuir al bien del mundo. También quiero vivir bien, y eso quiere decir, realmente bien. Quiero sentirme seguro, no solo económicamente, sino también socialmente, que cuando entre en una habitación no me sienta avergonzado, sin importar quiénes sean. Pueden tener todos los títulos del mundo. Pueden venir de todas las grandes universidades del mundo y ser honrados por el mundo. Pero quiero estar en su presencia y no sentirme pequeño. Quiero sentirme seguro. No inclinar la cabeza avergonzado por ninguna restricción de mi pasado. Si nací con desventaja socialmente, financieramente o intelectualmente, no importa. Quiero sentirme importante; quiero sentirme grandioso; quiero sentirme bien.

Muy bien, si eso fuera cierto ¿qué estado sería ese? Concibo un estado que, si fuera cierto, haría realidad todos mis deseos. Entro en ese estado. La primera vez que entro en el estado y veo el mundo desde ahí, es maravilloso, pero es posible que nunca vuelva a entrar en ese estado. Por tanto, no es mi hogar. Quiero hacer de ese estado mi hogar perpetuo, así que automáticamente habito en ese estado, y si habito en él de manera que automáticamente esté en ese estado, se convierte en mi morada. Entonces, "Iré y prepararé un lugar para ti". No estoy hablando contigo, me estoy hablando a mí mismo: "Te llevaré, Neville, nacido en desventaja, desconocido, no deseado, pobre —todo lo que quiere decir en desventaja— y te llevaré, Neville, ahora que me has encontrado, el Segundo Hombre, el Señor del Cielo, tu propia maravillosa imaginación humana; ahora que me despiertas, yo iré".

Habitaré en el estado y me sentiré como Neville —ese "hombre externo" que acabo de dejar en la silla o en la cama— y veré el mundo como lo vería Neville si estuviera conmigo ahora. Veo el mundo desde ese estado. Luego, cuando me parece natural, regreso al "hombre externo" físico que dejé en la silla, que dejé en la cama, y al regresar nos fusionamos y nos convertimos en una sola persona, no en dos. Entonces me muevo a través de un puente de incidentes que realmente no construyo racionalmente; simplemente aparece, y me muevo a través de una serie de eventos que no determino razonablemente; simplemente suceden. Me moveré a través de este puente de eventos hasta el estado donde entré y que ahora habito. Pero cuando llego allí parece muy natural.

El hombre que pensaba que, debido a sus limitaciones pasadas, nunca podría entrar en ese estado, ahora se encuentra en ese estado. No importa con quién se encuentre, lo hace desde ese estado y es perfectamente natural para él. Esta es la historia que las Escrituras te enseñan a ti, a mí y a todos en el mundo. Pero no lo vas hacer hasta que encuentres a Dios, que es tu propio Ser. Quédense quietos y sepan que 'Yo soy' es Dios. No hay otro Dios.

¿Crees que eso es una blasfemia? Muy bien, el que enseña la historia también fue acusado de blasfemia, porque dijo: "Yo soy Dios" y tomaron piedras para apedrearlo. No significa que un hombre esté haciendo una audaz declaración en el exterior. El "hombre externo" toma los hechos de la vida —estas son las "piedras"— para apedrearlo, y luego él cita las Escrituras, cita el Salmo ochenta y dos: "¿No está escrito en su ley: ustedes son dioses, todos ustedes, hijos del Altísimo?" Entonces, si yo digo que soy el Hijo de Dios, y que el Hijo de Dios y Dios son uno y el mismo Ser, ¿por qué me apedrean cuando las Escrituras les enseñan que ustedes son hijos de Dios? (Ver Juan 10:34-36). Entonces no pudieron apedrearlo porque solo estaba citando su libro.

Bueno, esta noche solo estoy citando tu libro, que es mi libro. Es el libro para liberar a cada persona de este mundo si sabes quién eres tú. Tu verdadera identidad es

Jesucristo. Y Jesucristo no es un ser que vino hace dos mil años y luego se fue. Él dijo:

"Yo estaré con ustedes siempre, hasta el fin de los tiempos". (Mateo 28:20)

Si él está siempre conmigo, ¿dónde está? Él dijo: "Estoy contigo siempre, hasta el fin de los tiempos". Si él está conmigo siempre, entonces, ¿dónde está? Ciertamente yo sé dónde está.

Ahora estoy citando el capítulo ocho del libro de Juan. La conversación está teniendo lugar en ti. Nadie más lo está escuchando:

"Ustedes son de abajo, pero yo soy de arriba; ustedes son de este mundo, pero yo no soy de este mundo. Por eso les dije que morirán en sus pecados; porque si no creen que Yo Soy, morirán en sus pecados" (Juan 8:23-24)

Solo estoy citando del octavo capítulo del Evangelio de Juan.

En las Escrituras, arriba y adentro son lo mismo; abajo y afuera son lo mismo. De modo que cuando lees, "Yo soy de arriba", él te está diciendo, "Yo soy de adentro", porque te dice, "el reino de los cielos está dentro de ti". Entonces, yo soy de arriba, por lo tanto, yo soy de adentro. Tú, el "hombre externo", eres de afuera, por lo tanto, eres de abajo, eres de este mundo. No tengo que permanecer anclado a lo que mis sentidos me dictan y me dicen que soy. No necesito estar aquí.

Tú, mirándome desde fuera, como el "hombre externo", dirás: "Neville está en la plataforma". Conociendo mi mundo externo completo, conocerías mis restricciones, mis limitaciones. Tú no conoces mis ambiciones, mis sueños, mis deseos. Yo, y solo yo, conozco mis ambiciones y mis deseos. El "hombre interno" los conoce y sabe cómo entrar en estos estados y preparar un estado para que el "hombre externo" los cumpla. El hombre externo no puede hacerlo. El hombre externo está completamente anclado por sus sentidos y confirmado por su razón.

Ahora, permíteme compartir una historia. En el momento en que sucedió parecía algo imposible. Inmediatamente después de que terminó la guerra, hice el primer viaje con mi esposa y mi hija a la isla de Barbados en las Indias Occidentales. Me embarqué en Nueva York sin hacer ningún preparativo para el regreso. Pensé que iría y me quedaría unos meses en la isla con mi familia, que estaba toda en Barbados, sin preparar mi regreso.

Entonces llegó el momento de mi regreso, pues tenía compromisos en Nueva York agendados para la primera semana de mayo. Llegué a Barbados a finales de diciembre y tuve estos cuatro meses, o casi cuatro meses, celestiales. Cuando fui a la compañía de barcos, me mostraron una lista tremendamente larga. Eso era solo en la isla de Barbados. Había listas igual de largas en todas las demás islas: Trinidad, San Vicente, Granada, todas las islas, y solamente dos barcos dando servicio a todas las islas; uno pequeño que llevaba sesenta pasajeros, y otro que llevaba ciento veinticinco pasajeros; y cientos y cientos de personas en cada isla esperando.

—Ellos me dijeron: —"Señor Goddard, no podrá salir de esta isla, por lo menos, hasta el mes de octubre".

—Yo dije: —"¿Ese es tu veredicto final?"

—Ellos dijeron: —"Bueno, eso es definitivo. Mire la lista y esto es solo en Barbados".

Esto era el mes de abril. Nunca pensé en postularme antes de eso. Mi hermano Víctor dijo:

—"Cómo se te ocurre salir de Nueva York, la capital del mundo, la capital financiera del mundo, allá saben todo cómo hacer estas cosas. ¿Por qué no hiciste allí los arreglos para regresar?"

—Le dije: "Nunca se me ocurrió. Realmente no importa".

Me senté en la habitación de mi hotel en Barbados, me puse cómodo y luego asumí que estaba en un bote pequeño, una pequeña embarcación auxiliar, que me llevaba al barco que me esperaba en la bahía. Podía sentir el movimiento del pequeño bote. En ese bote puse a mi familia, a algunos miembros de mi familia —mi hermano Víctor, mi hermana Daphne y uno o dos más— y naturalmente mi esposa y mi hija. Luego sentí que el bote se acercaba al barco principal que nos llevaría de regreso a Nueva York. Posteriormente, asumí en mi imaginación que mi hermano Víctor tomó a mi niña, subió a la pasarela y caminó con ella, a continuación, yo ayudé a mi esposa, a mi hermana Daphne, luego yo, y subimos todos. Cuando llegué a la parte superior de la pasarela —todo en mi imaginación, dándole toda la viveza sensorial, dándole todos los tonos de realidad— no tenía un camarote asignado, de modo que no podía bajar al camarote. Entonces, simplemente di vuelta en la parte superior de la pasarela, caminé tres o cuatro pasos, y luego puse mis manos en la barandilla, y pude oler la brisa del mar, podía sentir la sal impulsada por el viento. Podía sentirla en la barandilla, luego miré hacia la isla con nostalgia. Dejaba una isla perfectamente encantadora, con tantos miembros de mi familia, sin embargo, era un sentimiento dividido. Estaba feliz de irme porque tenía que regresar a Nueva York en mi camino a Milwaukee, al mismo tiempo, estaba dividido en mi emoción porque había una tristeza, como una dulce tristeza de dejarlos, pero también feliz de irme. Ese es el estado de ánimo que alcancé. Alcancé ese sentimiento. No sé si has tenido la experiencia de ir a algún lugar estando dividido entre querer ir, sin embargo, renuente porque estás dejando algo precioso detrás de ti. Bueno, ese era mi estado de ánimo. Capté el estado de ánimo. Y luego seguí mirando la isla, luego lo rompí y aquí estoy, sentado en mi sillón en la habitación del hotel en Barbados.

A la mañana siguiente sonó el teléfono. Contesté. Era la Compañía de barcos, Alcoa, llamando:

—"Sr. Goddard, acabamos de recibir un telegrama de Nueva York cancelando un pasaje en el próximo barco, que podría llevarlo a Nueva York el primer día de mayo. ¿Le gustaría tomarlo para usted, su esposa y su hija? Es un camarote más pequeño, en realidad, solo hay dos literas, pero su pequeña tiene solo tres años, de modo que podría dormir con usted o con la Sra. Goddard; hay dos literas y un baño privado. Todo es perfecto, pero usted sabe; el barco es pequeño. Solo llevará sesenta pasajeros".

—Le dije: "Iré enseguida".

Entonces, me dirigí hacia allá, pensando que me gustaría averiguar más detalles. Le pregunté a la agente:

—"¿Por qué fue la cancelación?"

—Dijo: "Bueno, solo podría especular. Ellos no nos dijeron, nos enviaron un cable. Hubo una cancelación para el viaje de regreso".

—"Está bien, se ha cancelado. ¿Por qué no se lo dieron a ninguno de los que estaban esperando? Había cientos y cientos esperando —Le pregunté

—Ella contestó: "Bueno, tenemos una señora aquí, una señora estadounidense que nos ha estado insistiendo semana tras semana para que la saquemos de Barbados y la llevemos de regreso a Nueva York, así que la llamamos a ella primero y dijo: "No es conveniente irme ahora". Entonces, te llamamos porque ustedes son tres y pensé que podrían usar la habitación para los tres. Y no notificaremos a ninguno de los otros cientos que están esperando".

No hice más preguntas. Lo tomé y regresé a tiempo a mi domicilio en Nueva York, y luego a mi lugar en Milwaukee.

Cuando cuento esa historia la primera reacción habitual es: ¿Fue justo hacer eso? ¿Puedes imaginar eso? ¿Fue justo hacer eso considerando a todos los demás que estaban esperando? Yo no estaba dirigiendo la Compañía de Barcos Alcoa. Yo estaba aplicando el principio de Dios. No me importaría si hubiera un millón de personas allí; yo saltaría sobre un millón. Eso no es de mi incumbencia. Simplemente estoy aplicando la Ley de Dios: "Cuando desees, cree que lo has recibido, y lo recibirás", como se me dice en el capítulo once del libro de Marcos, versículo veinticuatro; y hagas lo que hagas, digas lo que digas, si no dudas de que se cumplirá, se hará para ti.

Bueno, hice lo que se me dijo en las Escrituras que debía hacer, creí que lo había recibido y actué de acuerdo con esa creencia. Entonces, actué de acuerdo con la creencia. ¿Qué haría yo si fuera verdad? Subiría a la pasarela. En aquellos días, en el año 1945, no teníamos un puerto de aguas profundas; ahora tenemos uno. Pero entonces había que ir al barco en una pequeña embarcación auxiliar, así que hice exactamente lo que tendría que hacer si subiera al barco. Subí a bordo de la pequeña embarcación y luego, cuando llegamos al barco grande, curiosamente, mi hermano Víctor subió al barco con mi niña en sus brazos, fue el primero en bajar de la embarcación. Y luego vinieron mi esposa y mi hermana, justo en el orden en que lo había imaginado. No me hubiese importado si se rompía ese orden, pero sucedió en el orden en que lo imaginé.

Por lo tanto, te digo, lo he encontrado. ¿A quién? ¿A quién encontraste? He encontrado al Señor Jesucristo. ¿Lo hiciste? ¿Qué aspecto tiene? Se parece a mí. ¿Tú lo has encontrado? Bueno, no me mires a mí, porque cuando tú lo encuentres, se parecerá a ti. Ese es el Señor Jesucristo —igual que tú. No hay otro Señor Jesucristo. Él realmente se convirtió en ti para que tú puedas convertirte en el Señor Jesucristo. Y cuando lo ves, él es igual a ti. Así que, no te vuelvas a nadie en este mundo y digas: "Ahí está", porque eso es una mentira, o "Aquí está", eso es una mentira. Si alguien te dice que Neville es el Señor Jesucristo, tu Jesucristo, ¡niégalo! Niégalo completamente. Neville no es el Señor Jesucristo para ti.

Yo he encontrado al Señor Jesucristo en mí como mi propia maravillosa imaginación humana. Y comparto contigo lo que he encontrado. Un día lo encontrarás como tu propia maravillosa imaginación humana. Llegará el día en que todo lo que se dice del Señor Jesucristo en las Escrituras, lo experimentarás en primera persona, singular, en tiempo presente, todo lo que se dice de él. Entonces sabrás quién es el Señor Jesucristo; sabrás quién es el Padre, quién realmente es Dios.

Mientras tanto, pruébalo. Anda a la prueba extrema. Te digo que nunca te fallará. Él es tu propia maravillosa imaginación humana.

Bueno, en esta historia que comenzamos esta noche, los dos hijos son llevados ahora al padre. El padre es Isaac, y es ciego. Había dos hijos; el primero es Esaú, que está cubierto de pelo. Ese es todo niño nacido de mujer; ese es el "ser externo", porque pelo significa lo más externo y objetivo del mundo. En el ser humano, el pelo viene primero, luego tienes la piel, luego tienes la grasa, luego tienes los huesos, pero el pelo es la parte más externa del ser humano. Entonces, él está cubierto de pelo. El siguiente no tiene pelo. Él es Jacob. La palabra significa suplantador.

El padre ha pedido una comida. Por eso te dije anteriormente que todo el vasto mundo, la vida entera, no es más que el apaciguamiento del hambre. El padre tiene hambre y quiere carne de venado debidamente preparada, como a él le gusta, y le da esa orden a su primer hijo,

Esaú. Esaú era un cazador. Sale a cazar el venado y lo prepara para complacer a su padre.

Jacob escucha la petición de su padre. Recuerda que su nombre quiere decir suplantador, pero la orden le fue dada a su hermano Esaú; así que mata un cabrito y lo despelleja, y se pone la piel sobre su cuerpo para engañar a su padre, haciéndole creer que él es Esaú. Prepara el cabrito y lo lleva a su padre, y dice:

—"Padre",

— Isaac responde: "Sí, hijo mío".

Luego Isaac dice: —"Soy ciego, hijo mío. No puedo ver. Acércate para que pueda palparte, para que pueda tocarte".

Y cubierto con la piel del cabrito se acerca, Isaac extiende su mano y lo toca.

—Él dijo: "Sabes, tu voz suena como la de mi hijo Jacob, pero te siento como mi hijo Esaú",

Luego le dio la bendición. Habiendo recibido la bendición, Jacob desaparece. Posteriormente, llega su hijo Esaú con la carne de venado, e Isaac le pregunta:

—"¿Quién eres tú?"

—"Yo soy tu hijo Esaú"

—"Bueno, debe haber sido tu hermano el que vino, yo pensé que eras tú y le di la bendición; y no puedo revertirla. No puedo retractarme. Lo he bendecido y la bendición sigue siendo suya".

Asimismo, tú cierras los ojos y eres Isaac; no puedes ver. Isaac es ciego. Cierra tus ojos y no podrás ver la habitación. Ahora, en el interior tienes a los dos hijos. La habitación externa es tu Esaú. Lo cierras por completo y ambos se van a cazar. Esaú viene después; Jacob viene primero y le da los tonos de la realidad a su padre. Su padre es su propio y maravilloso "Yo Soy". Bueno, ese es Dios. El nombre de Dios para siempre es "Yo Soy". Entonces, Yo Soy está esperando sentir los tonos de realidad de lo que quiere, y lo siente tan real, tan natural.

Ahora, él sabe que esto es subjetivo, porque dijo: "Suenas como Jacob, pero acércate, hijo mío, para que pueda tocarte", y lo siente como yo sentí la barandilla del barco, como pude oler la sal del mar en el viento, como pude ver mentalmente la isla, como pude sentir el barco meciéndose un poco bajo mis pies. Todo esto era el tono de la realidad. Este ahora es Esaú; parece real, y así estoy dando una realidad a este estado, le estoy dando una bendición.

Luego abro los ojos para encontrarme sentado en una silla en mi habitación del hotel. Repentinamente, Esaú regresa. Bueno, Esaú era el lugar que dejé. La habitación donde estaba sentado era mi Esaú, ese era el mundo objetivo; vuelve y yo digo: "¿Qué he hecho?" Entré en un estado y lo vestí de realidad. Le di todos los tonos de un mundo objetivo y me pareció tan real que le di la bendición de ser real —de nacer. Ahora esto regresa y sin decir una palabra, me está diciendo: "Te engañaste a ti mismo. Fuiste engañado por mi hermano, el estado subjetivo llamado Jacob". Y me digo a mí mismo, sabiendo quién es Dios en realidad, él no puede retirar su bendición. Él le dio el derecho a nacer, el derecho de volverse objetivo, el derecho a ser real, y en veinticuatro horas nació, fue real.

Tres semanas después, navegué en ese barco y completé todo el viaje. Lo he repetido una y otra vez y nunca falla. Y aquellos que lo crean y lo pongan a prueba no pueden fallar. No pueden fallar. Este es el principio de las Escrituras.

Entonces, ¿realmente le darás los tonos de la realidad? En primer lugar, ¿creerás realmente que el Dios que ahora adoras como algo externo, realmente existe dentro de ti como tu propia maravillosa imaginación humana? Créelo y no me consideres un blasfemo por decirlo, ni pienses que soy una maldición por haberlo dicho, puedo decirte, espero por tu bien que lo creas. Pero realmente, en el fondo de mi corazón, lo creas o no, no me preocupa, porque llegará el día en que tendrás que creerlo, porque lo experimentarás. Yo solo puedo ayudarte a acelerar el día, por eso estoy aquí. Pero decir que te voy a golpear en la cabeza para hacerte creer, no. No me es indiferente que lo creas; pero solo puedo pedirte que lo creas por tu propio bien, para que tomes lo que tienes y lo trasciendas mediante el uso de esta Ley. No importa lo que tengas en este mundo, puedo decirte que nadie está realmente satisfecho. Hoy he cenado bien, pero mañana voy a tener hambre. Y el hambre es eterna en el individuo, y Dios es la satisfacción última del hambre, pero eso aún no ha llegado a la mayoría.

Nos dice en el octavo capítulo de Amós, versículo once: "Enviaré hambre sobre la tierra; no hambre de pan, ni sed de agua, sino de oír la palabra de Dios". Ahora, eso llega al final, porque la persona promedio no tiene hambre de la palabra de Dios, está satisfecha, y dirá: "Yo soy cristiano ¿y qué? Soy cristiano; voy a la iglesia; contribuyo a la iglesia". Entonces piensa que eso es todo lo que hace como un cristiano, se detiene justo allí.

Bueno, el hambre no se satisface, porque cuando él envía esa hambre al individuo, nada más que una experiencia de Dios puede satisfacer esa hambre. Hasta que él envíe esa hambre, todas las otras hambres pueden ser satisfechas, como el hambre de seguridad, el hambre de un mejor trabajo, el hambre de un aumento en la autoridad en tu posición actual, el hambre de ... lo que sea. Cada hambre puede satisfacerse si aplicas este principio. Pero entonces llegará el día en que él enviará la hambruna sobre ti, porque tú eres la tierra de la que él habla. No tiene nada que ver con el mundo, la hambruna en el mundo o si hay hambruna en todo el mundo, porque no saben cómo satisfacer su hambre. Hay hambruna, pero esa no es la hambruna de la que habla. Dice que no es hambre de pan; no es una sed de agua, sino de oír la Palabra de Dios.

Por lo tanto, yo te estoy dando la Palabra de Dios como la he experimentado personalmente. Pruébalo tú esta noche. Cierra los ojos ante lo evidente. Ese es Esaú, envíalo a cazar. Luego, autoengáñate. En su ausencia, trae al "segundo hijo", que es el Señor del Cielo y vístelo con los tonos de la realidad y siente lo real que es. Dale toda la viveza sensorial y cuando adquiera los tonos de la realidad, ¡abre los ojos! Entonces, Esaú regresa de la cacería y le cuentas lo que has hecho, y él reclama porque tu hijo, el "segundo hombre", te ha engañado y lo has traicionado a él.

Todos los días puedes aplicar este principio y autoengañarte, funciona. Pero mantenlo siempre dentro del marco de la Regla de Oro, de manera que no hagas daño a nadie. No me importa quién no consiguió el pasaje al norte. No me importa qué motivó a la mujer a no tomarlo. No me importa qué motivó al pasajero de Nueva York a cancelarlo. No tengo quejas, no tengo palabras; simplemente hice lo que se me pidió que hiciera. Yo necesitaba salir. Me encontré encerrado, encerrado como mínimo hasta octubre, con mis compromisos en Milwaukee en marcha. No podía hacer eso. Tenía que regresar, necesitaba regresar y lo hice.

Por eso te digo, este principio no te puede fallar. Nosotros somos el poder operante, tú no te arrodillas y rezas a un Dios externo. Haz exactamente lo que hizo el gran William Lyons Phelps y dile a todo el vasto mundo: "No estoy hablando contigo, querido", estoy en comunión con mi Ser. Y si doy las gracias por lo que ha sucedido, no te las doy a ti, se las doy al Ser-dentro-de-mí, una alabanza constante por este poder milagroso que está alojado dentro de mí. Y caminas en la conciencia de estar constantemente alabando este poder milagroso que se convirtió en ti, para que tú puedas convertirte en él. Y ese poder es el Señor Jesucristo que está en ti, y no hay otro.

Todo el vasto mundo está esperando que él venga desde afuera, como ha dicho el gran evangelista de hoy: «Es inminente. Él está en nosotros. Él viene. Yo estoy aquí para recibirlo». Él esperará eternamente en vano. Porque cuando él viene, no viene desde afuera. Cuando él viene, se levanta desde adentro, ¡y tú eres él! Él está llegando a millones de personas, pero está en el jardín de infancia. ¿Y qué esperas? Él no puede darles más que leche. Pero con el tiempo, tienes que ser destetado de la leche y comer carne, y luego el verdadero significado del gran misterio de la fe cristiana.

El mundo lo ha aceptado en una pequeña historia. Todo muy bien, pero no sigas por siempre y para siempre viendo solo la pequeña historia. Aprende a extraer el significado de la historia y espera que se desarrolle dentro de ti.

Ahora,
Entremos en el Silencio.

10

LA CASA DEL ALFARERO

Sin Fecha

El título de esta noche es "La Casa del Alfarero". Esta historia se cuenta en el capítulo dieciocho del libro de Jeremías:

"La palabra vino a Jeremías de parte del Señor: «Levántate y baja a la casa del alfarero, y allí te anunciaré mis palabras». Entonces descendí a la casa del alfarero, y allí estaba él, haciendo un trabajo sobre la rueda. Y la vasija de barro que estaba haciendo se echó a perder en la mano del alfarero; así que volvió a hacer de ella otra vasija, según le pareció mejor al alfarero hacerla" (Jeremías 18: 1-4)

Ahora, como dijimos anteriormente, estas historias son parábolas. Hay que extraer el significado de la historia.

En el capítulo sesenta y cuatro del libro de Isaías se lee:

"Oh Señor, tú eres nuestro Padre, nosotros el barro, y tú eres nuestro alfarero; todos somos obra de tu mano" (Isaías 64: 8)

Aquí equipara al Señor, nuestro Padre, con el alfarero, y se indica claramente que nosotros somos el barro.

Si he de bajar a la casa del alfarero, no necesito moverme de donde estoy. Porque ¿no se nos ha dicho que "Somos el templo de Dios y el Espíritu de Dios habita en nosotros?" (1 Corintios 3:16) Entonces, ¿a dónde podría ir, sino adonde estoy? Por lo tanto, este cuerpo es la "casa del alfarero".

La palabra alfarero, por definición en la Biblia, —si tomas la Concordancia de James Strong significa imaginación. Significa "determinar; formar una resolución". Bueno, ahora yo determino ser cierta persona, la cual, en este momento, la razón me dice que no soy. Mis sentidos me dicen que no lo soy. No obstante, me gustaría serlo.

Si no soy la persona que me gustaría ser, entonces la arcilla que estoy usando —que es el ser que soy, pues me han dicho que somos arcilla— esa vasija está estropeada ante mi propia vista, pero en lugar de desecharla, debo transformarla en otra vasija, que me parezca que es bueno hacer. Bueno, ¿cómo voy a remodelar esta arcilla?

En primer lugar, debo saber qué me gustaría ser, ya que significa "determinar". Debo tomar esa decisión. ¿Qué me gustaría ser? No lo modifico. Sé que el Señor lo hará. Bien, ya sé exactamente lo que me gustaría ser.

Ahora, permíteme hacer una pregunta muy simple: ¿Supongamos que eso fuera cierto? ¿Cómo vería el mundo? ¿Cómo me sentiría? ¿Qué escucharía si fuera verdad? Ahora, déjame asumir que es cierto, que soy la persona que me gustaría ser. Déjame buscar la confirmación en mi imaginación y ver a mis amigos como tendría que verlos si fuera cierto. Los dejo que me vean como tendrían que verme si fuera verdad. Ahora estoy remodelando la vasija en mi propia imaginación, porque ese es el alfarero. ¿Funcionará? Sé por experiencia que funciona. Lo único que pido es que lo pruebes. No lo juzgues; inténtalo y verás que vivimos en un mundo de imaginación, que la imaginación humana es Dios. Blake dijo:

"No conozco otro cristianismo ni otro Evangelio, aparte de la libertad del cuerpo y de la mente para ejercitar las artes divinas de la imaginación". Luego añade: "Los Apóstoles no conocían ningún otro Evangelio".

Este misterio se ha contado en forma de cuento porque:

"La Verdad encarnada en un cuento
entrará por las puertas pequeñas".

Al ser humano le resulta difícil pensar en forma abstracta, por lo tanto, toma la gran verdad y la cuenta en forma de historia. A ti y a mí nos contaron la historia, pero no hemos ido más allá de la historia para descubrir exactamente lo que están tratando de decirnos. Lo que están tratando de decirnos es que nuestra propia maravillosa imaginación humana es Dios.

¿Por qué estamos aquí temblando, pidiendo ayuda a Dios y no a nosotros mismos, en quienes Dios habita? Si él habita dentro de mí, tengo que descubrir dónde está. Cuando descubro que él es el único poder creativo en el mundo, descubro que es mi imaginación. No siempre tendré el control de mi imaginación. En el transcurso de un día, posiblemente, me avergüenzo de innumerables cosas que he imaginado, pero como me dicen las Escrituras:

"Yo soy el Señor, y no hay otro dios fuera de mí. Yo hago morir y hago vivir. Yo hiero y sano". (Deuteronomio 32:39)

Yo he creado el mal y he formado el bien, el bienestar y la aflicción, porque no hay otro poder creador en el mundo. No puedo volverme hacia un ser maligno y llamarlo Dios, y volverme hacia un ser bueno y llamarlo otro Dios. Es el mismo poder creador. La luz que ilumina la habitación podría electrocutarme si la uso mal y, sin embargo, sirve para iluminar la habitación. Puedo darle mis usos, o puedo utilizarla mal. Eso es lo mismo que hacemos con nuestra imaginación. La imaginación humana es Dios.

"El hombre es todo imaginación, y Dios es hombre y existe en nosotros, y nosotros en él".

(W. Blake, de "Anotaciones a los pecados de Berkeley")

"El Cuerpo Eterno del hombre es la imaginación, y ese es Dios mismo".

(Blake, de "El Laocoonte, 'El ángel de la presencia divina'")

Ese es el Cuerpo Divino que llamamos Jesús, y Jesús es crucificado en el individuo, está enterrado en él y está despertando en él como la imaginación humana que todo ser anhela. Cuando despierte en su interior, él sabrá quién es Jesús. Él sabrá quién es Dios.

Entonces, la "casa del alfarero" está justo aquí donde estás sentado en este momento. No tienes que ir a ningún lugar para encontrarla. De hecho, debido a que eres uno con Dios, él nunca podría estar lejos ni tampoco estar cerca, porque la cercanía implica separación y él no está separado del individuo. No hay ningún lugar donde puedas ir y separarte de tu imaginación. Puedes separarte del cuerpo, pero no puedes separarte de tu imaginación, porque "Dios literalmente se convirtió en lo que somos, para que podamos ser como él es". No está pretendiendo ser nosotros; literalmente se convirtió en lo que somos, y él es nuestra maravillosa imaginación humana.

Se nos dice: "Por él todas las cosas fueron hechas, y sin él nada de lo que ha sido hecho, fue hecho". (Juan 1: 3) Bueno, nombra algo que primero no haya sido solo imaginado. No hay nada que puedas nombrar que primero no haya sido solo imaginado. Y si "por él todas las cosas fueron hechas, y sin él nada de lo que ha sido hecho, fue hecho", entonces tenemos que encontrarlo. Y lo encontrarás como tu propia maravillosa imaginación humana. ¡Ese es Dios!

La adoración a Dios es simplemente usar su regalo. Su regalo es él mismo. Él se entregó a sí mismo. Esa es la adoración real y verdadera de Dios, no es ponerse delante de algo que hicieron las manos humanas y pusieron en la pared, y luego persignarse para tener suerte, sin embargo, eso es lo que hace el mundo. Hacen una pequeña cosa y luego la adoran, eso que está hecho con la mano humana. No, el Dios que yo adoro, y el Dios que adorará todo el vasto mundo — adorarlo es simplemente usar su talento.

En el capítulo veinticinco del libro de Mateo se nos dice:

"A uno le dio cinco talentos, a otro dos y a otro uno, a cada uno según su capacidad. Luego se fue lejos" (Mateo 25:15)

Él se fue lejos, en otras palabras, se hizo invisible. Se nos dice que él se hace invisible, así que él no es objetivo para que yo lo adore. Él toma su residencia en mí. Él se convirtió en lo que yo soy y tengo que usar ese talento, y usarlo sabiamente. Lo uso sabiamente cada vez que ejercito mi imaginación con amor. No me importa si lo hago para mí mismo o para el yo proyectado afuera. Todo el vasto mundo soy yo mismo proyectado afuera, así que si me encuentro con un aspecto de mí mismo —un amigo, un pariente o un completo extraño— y veo la necesidad, sin su consentimiento puedo simplemente ejercitar mi imaginación bondadosamente en su nombre y, en lugar de descartarlo, veo si puedo tomarlo y remodelarlo y darle una forma mejor. ¿Qué creo que le gustaría ser? Bueno, podría preguntarle ¿Estás satisfecho con la vida? Quizás él me lo diga. Quizás le gustaría tener más dinero, mayores ingresos, seguridad, más salud —él lo nombra. Entonces, sin levantar un dedo ni pedir ayuda a nadie, mediante el uso de mi talento, que es mi imaginación, podría representármelo como sería visto por mí si fuera cierto, y sin esperar confirmación, asumir que es verdad, sabiendo en mi corazón que: "La visión (que ahora es mi visión) tiene su propio tiempo señalado. Madurará y florecerá. Aunque se demore, esperaré, porque es seguro y no tardará" (Habacuc 2: 3)

No será tarde para lo que he hecho, porque todas las pequeñas semillas tienen su propio tiempo señalado. Un ser humano nace en nueve meses, el caballo en doce meses; ¿cuánto tarda el elefante?... no lo sé; pero un pollo en veintiún días. Así, cada pequeña semilla tiene su propio tiempo señalado.

Por lo tanto, esa peculiar semilla que acabo de plantar para un amigo o para mí mismo, ¿cuánto tiempo va a tardar? no lo sé, pero debo creerlo. Y cuando creo, la suelto. Una semilla debe caer en la tierra y echar raíces si queremos que viva. No puedo retenerla en el ojo de mi mente; si la tomo y no la dejo caer, entonces sigue siendo solo una semilla. Debo dejarla caer en la tierra y dejar que eche raíces. Y cuando echa raíces, significa que la he soltado de mi mente. Lo he hecho. Eso es todo lo que puedo hacer. Luego madurará, en su propio y maravilloso tiempo señalado.

Ahora pruébalo y ve cómo funciona. Apuesto a que funcionará. De todos modos, está funcionando mañana, tarde y noche. Somos totalmente inconscientes de que lo estamos haciendo, pero todo el día tú y yo estamos cosechando lo que hemos hecho. Lo estamos imaginando y entonces la cosa está hecha, pero no reconocemos nuestra propia cosecha cuando surge, porque nuestra memoria es muy imperfecta y no podemos recordar cuándo hicimos algo así. Sin embargo, no podría surgir a menos que, en algún momento, alguien lo imaginara. "Baja a la casa del alfarero" —yo siempre estoy en la casa del alfarero— "y allí te anunciaré mis palabras".

"En un sueño, en una visión nocturna, cuando un sueño profundo cae sobre los hombres mientras están en su cama, él abre los oídos de los hombres y sella sus instrucciones". (Job 33: 15-16)

Bueno, hace muchos años, tuve esta visión. Fui llevado en espíritu en lo que sería el cambio de siglo en la ciudad de Nueva York, en la Quinta Avenida, cuando tenían estas enormes casas palaciegas, con todo el personal, para estos grandes gigantes financieros de la época. Esto fue antes de que los impuestos sobre la renta se lo quitaran. Si ganabas diez millones, te quedabas con diez millones. Los gastabas, pero no pagabas nada en impuestos sobre la renta. Entonces, estas casas palaciegas estaban todas en la Quinta Avenida, y tenían sus establos en el lado oeste. Eran casas enormes. Quedaban algunas cuando llegué a Nueva York en 1922. Los Vanderbilt y los Astor, todavía estaban allí. Bueno, fui llevado en espíritu al interior de uno de estos lugares palaciegos, y aquí había tres generaciones. El mayor de las generaciones no estaba presente. El hombre que hablaba se refería a él como "Padre", pero era el abuelo de aquellos a los que se dirigía. Aquí estaba el abuelo, el padre que estaba hablando, y los hijos a los que se dirigía el padre, y les estaba contando a sus hijos el secreto de su padre.

—Él dijo: "Mi Padre solía decir, mientras estaba de pie en un terreno vacío: «Recuerdo cuando esto era un terreno vacío». Luego pintaba una imagen de palabras tan vívida que realmente se podía ver como la pintaba, con el edificio sobre él, aunque era un terreno vacío. Él creía en la realidad de lo que hacía. Y ahora tú y yo disfrutamos de la fortuna que él dejó. Ese era su secreto: «Recuerdo cuando ...» y luego pintaba la imagen-palabra. Él sabía exactamente lo que quería para ese terreno".

Ese era el secreto. Me desperté y lo escribí. Luego volví a quedarme dormido y nuevamente tuve el mismo sueño, pero esta vez, en lugar de escuchar a escondidas a un hombre decirles a sus hijos lo que había hecho su padre para tener éxito, yo me convertí en el abuelo. No estaba hablando con otros, simplemente estaba en comunión conmigo mismo y me decía a mí mismo: «Recuerdo cuando esto era solo un terreno vacío. Bueno, ¡míralo ahora!»

Tú podrías tomar esa misma técnica y hacerlo con respecto a cualquier cosa en el mundo. «Recuerdo cuando no tenía trabajo» «Recuerdo cuando no tenía dinero». Si digo: «Recuerdo cuando él no tenía dinero» eso implicaría que ahora tiene dinero. «Recuerdo cuando él no podía contribuir a ninguna causa benéfica en el mundo. De hecho, él estaba en el extremo receptor». Eso implicaría que hoy puede contribuir y no está en el extremo receptor.

Bueno, esa fue una lección que me fue revelada. Porque se nos dice: "En un sueño, en una visión de la noche ... él abre los oídos de los hombres y sella su instrucción" (Job 33:15-16) En forma de visión, me lo contaron muy vívidamente, así que lo comparto con ustedes.

Si puedes quedarte perfectamente quieto y asumir que las cosas son como te gustaría que fueran, aunque en este momento no lo sean, entonces, puedes decir: «Recuerdo cuando ...» Permanece fiel a la visión y olvídate de la apariencia del momento. La apariencia te dice que no puede ser; la razón lo niega y tus sentidos lo niegan. Pero toma esta revelación que me fue dada a mí, como para todos, porque estos sueños provienen de las profundidades del alma del ser, le está hablando a la mente superficial. La mente superficial ahora te está diciendo lo que escuchó en las profundidades de su propia alma. Y las profundidades de mi alma son una conmigo. Tu alma es una contigo, porque solo hay un Dios. Sin embargo, cuando sale a la superficie parece estar fragmentada porque hay innumerables individuos en mi mundo. Pero en lo más profundo de mi ser solo está Dios. En lo más profundo de tu ser, solo está Dios. Y como Dios es uno y solo uno, esa profundidad le está hablando a la mente superficial en todos nosotros.

Entonces, aquí puedes probarlo. Quédate perfectamente quieto y solo recuerda cuándo: «Recuerdo cuando no podía ir a ese club, o cuando no podía cenar en ese lugar» lo que implica que ahora puedo ir allí y puedo cenar donde quiera, porque tengo los medios. Pues bien, hazlo.

Cualquier cosa que desees en este mundo, toma esa técnica y pruébala. Esta es la historia del alfarero, él está dando forma a la vasija, pero no la desecha. El individuo descartará a un amigo si éste no puede hacer las cosas bien. No quiere más esa amistad porque siempre está pidiendo que le ayuden. Bueno, en lugar de descartar al amigo, remodelas la vasija. En lugar de descartar a alguien en este mundo, lo remodelas en el ojo de tu mente, y te sorprenderás con el paso del tiempo. Él se encuentra a sí mismo —de una manera lucrativa— haciendo todas las cosas que antes no podía hacer, y él no sabe que fuiste tú quien lo hizo. No hace falta que le digas que lo has hecho. Realmente no importa. ¿Qué importa si sabe que tú plantaste la semilla para él? Porque al final, somos uno de todos modos.

En realidad, hay un solo cuerpo, un solo Espíritu, una sola esperanza, una sola fe, un solo Señor, un solo bautismo, un solo Dios y Padre de todos. Al final, cuando el ser humano descubra quién es realmente, va a encontrar un cuerpo y ese cuerpo es el único Señor. Y a ese Señor lo llamamos "Jesucristo". Y Jesucristo es tu propia maravillosa imaginación humana, que es el Cuerpo Divino de Dios. Pero el individuo lo golpea mañana, tarde y noche por el mal uso de su talento. Él literalmente se entregó a nosotros, no de una manera incierta. "Él literalmente se convirtió en lo que somos, para que podamos ser como él es".

Esta es la historia de la Biblia tal como la leo, así que cuando la veo, no la veo como una historia secular. No puedo verla como una historia secular, porque yo he experimentado las Escrituras. Cuanto más la persona experimenta las Escrituras, más integra en sí mismo a Jesús. Está comiendo del cuerpo de Jesús y bebiendo su sangre a medida que experimenta las Escrituras, porque todo se trata de este Ser Único. El Ser Único está crucificado en la humanidad y enterrado en el individuo. Permanece enterrado en el hombre hasta que despierta en él, y cuando lo hace, él es el hombre en el que despierta. No es otro que viene de fuera, como piensa el mundo.

Los grandes evangelistas populares de la época describen a Cristo como viniendo desde afuera para salvar al mundo. Bueno, si esperan hasta el fin de los tiempos esperarán eternamente. Él no puede venir de afuera. ¿No está adentro? ¿No se nos dice:

"Pónganse a prueba y vean ¿Acaso no saben que Jesucristo está en ustedes? (2 Corintios 13: 5).

Bueno, si él está en mí, ¿qué estoy buscando afuera? ¿Qué señales estoy tratando de encontrar en el mundo para su venida? Podrías encontrar todo tipo de señales. Él no viene por estas señales. Sus señales están detalladas para nosotros en la historia de Jesús en las Escrituras. Todo lo que se dice de él es literalmente cierto y lo vas a experimentar.

No obstante, mientras tanto, podemos ejercitar el talento, porque el que tenía los cinco ganó cinco más, y él lo elogió mucho y dijo: "Entra en la fiesta del Señor", que es la gloria de Dios. El que tenía dos lo duplicó, hizo cuatro, y fue muy elogiado. Pero el que lo enterró porque tenía miedo de usarlo, fue condenado. El talento le fue quitado. Así que no entierres el talento, mejor di: — "Bueno, esto puede ser una estupidez, pero lo probaré". Y cuando lo pruebes, se demostrará en la prueba, y cuando se demuestre en la ejecución, ¿qué importa lo que digan los demás o cuán descabellado pueda parecerle a la mente racional? Si se demuestra en la prueba, entonces, úsalo. Pero no lo entierres, como hace tanta gente, ellos ni siquiera lo prueban. Bueno, te pido que lo pruebes y descubrirás quién es Dios.

Él no está más cerca que tus manos y tus pies, porque puedes cortar la mano, pero no puedes cortar a Dios. Puedes cortar el pie, pero no puedes cortar a Dios. Puedes sacar todo tipo de partes del cuerpo; puedes sacar un pulmón; incluso han sacado un corazón y han puesto otro corazón en su lugar. Pero tú no puedes hacer eso con Dios, porque él es tu Ser real. Él literalmente se hizo como tú, para que tú puedas ser como él.

Blake afirmó que Dios es la imaginación humana, llamada en las Escrituras "el Padre". Y que nosotros estamos moldeando dentro del ojo de nuestra propia mente todo lo que está sucediendo en nuestro mundo; el mundo es simplemente la imaginación humana proyectada afuera.

Entonces, en lugar de desechar los objetos en nuestro mundo, simplemente lo remodelamos. Y el objeto es simplemente una persona, cualquier persona, cualquier cosa en el mundo, que es nuestro mundo, y ya no los descartamos porque descubrimos quiénes somos.

Tomamos la vasija hecha de arcilla —nosotros somos la arcilla. Somos el alfarero. El alfarero es nuestra maravillosa imaginación humana— y simplemente la remodelamos. No la descartamos, la remodelamos y luego dejamos que, a su debido tiempo, se haga realidad. La visión, como tú y yo la hemos remodelado ahora, tiene su propio tiempo señalado, madurará y florecerá. Si nos parece que tarda en llegar, tengamos paciencia, "porque es seguro y no tardará". Estas cosas siempre funcionan. Si algo es grandioso, puede tomar un año o dos años, o incluso más. ¿Qué importa? Llegará si estoy seguro de que llegará. Te digo que funciona de esta manera.

Ahora, volvamos a otro aspecto de las Escrituras. No es extraño para mí, aunque puede serlo para otros, pero no es extraño si tú y yo parecemos tener una confianza mucho mayor en el sentido del tacto. Estamos más convencidos por el sentido del tacto que por la vista, el oído o el olfato. Esto se nos dice en el capítulo veintisiete del libro de Génesis. Si no estás familiarizado con esta historia, permíteme refrescar tu memoria porque es posible que la hayas escuchado alguna vez, pero la has olvidado. Es la historia de Isaac y sus hijos. Él está a punto de morir, o cree que lo está.

— Él dice: "Me queda muy poco tiempo, pero no sé la fecha de mi muerte. Estoy ciego, mis ojos están nublados y no puedo ver".

Él quería probar algo sabroso, así que llamó a su hijo Esaú y lo envió al campo a cazar, para que le consiguiera alguna presa y la preparara sabrosa, como a él le gustaba, para que pudiera comer. Ahora, aquí está la comida.

Su esposa escuchó lo que le dijo a Esaú, pero ella quería a Jacob, así que cuando Esaú fue a cazar una presa para prepararla para su padre, se dirigió hacia su hijo Jacob y le contó lo que el padre había dicho.

—Ella dijo: "Haz lo que te digo. Anda al rebaño, tomas dos cabritos y prepáralos para mí. Yo cocinaré y haré un guiso como le gusta a tu padre, y te daré un abrigo que pertenece a Esaú. Cuando vayas a él, sentirá los pelos del abrigo en ti. Tomaré las pieles de los cabritos y cubriré tus manos y la parte lampiña de tu cuello".

Entonces, cuando llegó con el guiso que le había preparado su madre, el padre le dijo:

—"Acércate, hijo mío, para que pueda tocarte. La voz es la voz de Jacob, pero acércate para que pueda tocarte".

Y tocándolo dijo: —"Estas son las manos de Esaú".

Luego le dio la bendición. Todo fue determinado por el tacto; él pudo sentirlo. Él escuchó la voz, pero no confiaba en lo que escuchó, quería tocarlo.

Encontramos ese mismo sentido del tacto transmitido en toda la Biblia. Cuando Tomás dudó de la resurrección, dijo:

—"Si pudiera tocarte".

— Él dijo: "Acerca tu mano y métela en mi costado y siente".

Él escuchó la voz, pero no creyó. Vio, pero no creyó. En otra oportunidad, cuando la mujer lo tocó, él dijo:

—"¿Quién me ha tocado? Porque percibo que ha salido virtud de mí" (ver Lucas 8:46)

Todo basado en el tacto. Por lo tanto, no es extraño que tú y yo tengamos una confianza mucho mayor y creamos más profundamente en el sentido del tacto que en la vista, el oído o el olfato. De modo que, aquí está esta historia. Ahora, de una manera simple, así es como la aplicamos:

Piensa en algo distante, cualquier cosa, no importa lo que sea. Podría ser un lugar, podría ser una condición que crees que tomará tiempo hacerlo. Ahora acércate.

Él dijo: —"Acércate, hijo mío".

Bueno, si piensas en algo, esa es tu descendencia, tu idea. Piensas en un viaje, digamos, a la ciudad de Nueva York. Está a más de cuatro mil kilómetros de distancia. ¿Cómo la atraerías y la acercarías? Bueno, me paro justo aquí donde estoy y luego "la acerco". La acerco más y más, y luego la ocupo.

La gran debilidad de la persona es que siempre está construyendo y construyendo, pero no ocupa; eterna construcción, pero sin ocupación. No entra y lo ocupa, no le da lo que yo llamaría viveza sensorial y una especie de realidad cúbica. Siempre es como un boceto para él en su mente. Cuando la ocupa, lo rodea. Yo no puedo estar en San Francisco y Nueva York al mismo tiempo, pero para demostrar que estoy en Nueva York, déjame pensar en San Francisco. Debo verlo a más de cuatro mil kilómetros al oeste de mí. No puedo verlo debajo de mí ni a mi alrededor. Debo volver el ojo de mi mente hacia el oeste, más de cuatro mil kilómetros al oeste. Entonces, le doy a esto —ahora Nueva York— toda la viveza sensorial, todos los tonos de realidad que puedo reunir. Luego abro los ojos y ¿qué ocurre? Bueno, regresa San Francisco.

Esa es la historia que se cuenta acerca de Esaú y Jacob. Repentinamente, él recuerda y Jacob ahora se desvanece. Este estado objetivo del que me acabo de apropiar, al volver a mi mente consciente y racional, se ha desvanecido, y esta parece la única realidad, pero digo que no puedo retirar mi bendición. Le di a ese estado mi bendición, el derecho a nacer, y no puedo retirarlo. Se llama la primogenitura. Entonces, le dio la primogenitura, el derecho de nacimiento. Así que, cuando este estado se queja de que le han robado, el padre dice: "Le he dado la primogenitura y no puedo quitarla; no puedo retractarme".

En otras palabras, habiéndome sentido realmente en Nueva York, cuando abrí los ojos en esta habitación, descubrí que me estaba engañando a mí mismo, todo eso era simplemente un autoengaño. Me digo a mí mismo, habiéndolo hecho una y otra vez: "No importa". Parece que me engaño a mí mismo, pero sé por experiencia que ahora comenzará a construirse un puente de incidentes. No lo construyo conscientemente, pero ocurrirán una serie de eventos y pasaré por este puente de incidentes que me llevarán de donde estoy ahora hacia donde estaba en mi imaginación, y no puedo evitarlo.

Te pido que no lo intentes a menos que lo tomes en serio, porque funcionará. Y muchas veces lo intentarás en un momento de ocio sin saber que esto va a funcionar, y cuando menos lo esperes, cuando hayas hecho planes para otras cosas, tendrás que cancelar esos planes porque va a funcionar.

Te contaré una experiencia mía. En el año 1941, era el mes de febrero, y yo había sacado el libro titulado "Tu Fe es tu Fortuna". En aquellos días, mi audiencia en la ciudad de Nueva York era de aproximadamente mil personas, tres veces por semana. Pensé que tendría una audiencia razonable, pero esa noche nevó y nevó. Comenzó alrededor del mediodía y continuó nevando. Comenzaba mis conferencias, en esos días, alrededor de las nueve menos cuarto, y repentinamente, no vino nadie. No tenía más de cien personas, cuando estaba acostumbrado a mil personas. Debido a la nieve, no pudieron pasar. Teníamos entre treintaicinco y cuarenta centímetros de nieve, por tanto, nadie pudo pasar. Entonces, cuando volví a casa, estaba un poco decepcionado por la asistencia, ya que había llevado mi nuevo libro y quería tener al menos una audiencia de buen tamaño.

Esto es lo que hice esa noche. En un momento de ocio —no pretendía hacerlo conscientemente, pero lo hice— me fui a dormir a mi habitación y asumí que estaba en Barbados, a tres mil kilómetros de distancia a través del mar en la pequeña isla llamada Barbados. Me quedé dormido sintiendo que estaba en la casa de mi madre. Podía escuchar las hojas de coco contra el maderaje. Podía oler el aroma que proviene solo de los trópicos. Podía sentir toda la atmósfera de Barbados. Pensé en la ciudad de Nueva York y la vi al norte de mí, a tres mil kilómetros de distancia, y me quedé profundamente dormido en esa asunción.

Cuando me desperté por la mañana, la nieve seguía en el suelo, digamos, treintaicinco o treintaiocho centímetros de nieve. Hice planes para que mi esposa y yo fuéramos de vacaciones a Maine en el mes de agosto, y envié un depósito para hacer mi reserva.

En el mes de agosto, a finales de agosto, recibí un cable de Barbados que decía que mi madre estaba gravemente enferma y que ellos no habían querido decirme nada al respecto porque la guerra estaba en marcha. Al menos, Inglaterra estaba en guerra. No había transporte, solo un par de barcos saliendo y no querían molestarme. Mi madre estaba gravemente enferma y era terminal; no había ninguna posibilidad de recuperación. Y si fuera posible que hiciera el viaje porque ella quería verme antes de morir. Todos los demás estaban presentes, yo era el único que faltaba.

En veinticuatro horas mi esposa y yo navegamos hacia Barbados. El barco partía esa noche, por lo que no pudimos reunir todas las cosas necesarias, pero zarpamos hacia Barbados en lugar de ir a Maine. Yo no tenía planes de ir a Barbados, pero repentinamente llegó el cable que revelaba la necesidad de ir a Barbados y nosotros fuimos a Barbados, y no fuimos a Maine.

Lo que hice en febrero tardó aproximadamente siete meses en madurar. Lo hice, lo hice conscientemente, sin pensar ni por un momento; lo hice solo para relajarme y ponerme en ese estado de ánimo porque estaba decepcionado de que la multitud no viniera a buscar mi nuevo libro, "Tu fe es tu fortuna". Así que te digo por experiencia, no lo hagas ociosamente, porque cuando siembras algo, eso todavía está surgiendo. Va a surgir y perturbar tus supuestos planes conscientes. Funciona de esa manera.

Entonces, simplemente me paro aquí y hago algo en el ojo de mi mente y le doy vivacidad sensorial, le doy los tonos de la realidad, luego abro los ojos y esto me sorprende, porque esto me dice que lo que acabo de hacer fue un autoengaño. Te engañas a ti mismo. Todo está en tu imaginación. Pero ahora sé que mi imaginación es la única realidad; que este mundo sigue siendo el mundo de la imaginación, y que todas las cosas que veo como un hecho objetivo en mi mundo, todas son "proyectadas" debido a mis actos imaginados.

Intentar cambiar las circunstancias antes de cambiar mi actividad imaginaria es trabajar en contra de la naturaleza misma de las cosas. No puede cambiar por sí misma. Solo puede cambiar cuando cambio la actividad imaginaria. Entonces, si ahora realmente sé cómo me gustaría ser, aunque en este momento la razón lo niegue y mis sentidos lo nieguen —si realmente sé lo que me gustaría ser, de manera que puedo escribirlo, puedo nombrarlo, puedo afirmarlo— bien, entonces, en el ojo de mi mente asumo que soy esa persona. Y para demostrar que soy esa persona, miro los rostros de mis amigos, miro a la gente de mi mundo y dejo que me vean como tendrían que verme si fuera verdad. Posteriormente, si quiero mantener una conversación con ellos, mantengo una conversación desde la premisa de mi deseo cumplido y hago que me digan lo que tendrían que decir, y yo les digo lo que les diría si fuera una persona así, y luego veo lo que sucede. Uno se amolda a ese ser, porque no te estás desechando. No saltas del puente porque no te gusta como eres; simplemente te remodelas. La vasija en la mano del alfarero se echó a perder, pero él no la desechó. La transformó en otra vasija como le pareció bien al alfarero. El alfarero era su propia maravillosa imaginación humana. Y en las escrituras se le llama Dios.

Tú eres nuestro alfarero, nosotros somos la arcilla. Y descubrimos que ese "Tú" es el Yo Soy. "Ve y diles que mi nombre por siempre y para siempre es Yo Soy". No puedes alejarte del Yo Soy. ¿Cómo te vas a alejar? ¿A dónde irías si no fueras consciente del Yo Soy? No importa a dónde vayas, no puedes ir a ningún lugar y no ser consciente de que tú eres. Ese es el nombre de Dios por siempre y para siempre.

Cuando usas la palabra "Dios", puedes pensar en algo diferente a Yo Soy. Pues bien, ese no es su nombre. Su nombre es Yo Soy. Nosotros le damos el nombre de "Dios", le damos el nombre de "Señor"; le damos todos esos nombres. Como he dicho anteriormente, si el nombre "Dios" o el nombre "Señor" o el nombre "Jesucristo" te transmite algo existente fuera del ser, eso es un dios falso. En ese caso, tienes al falso Jesucristo. Si piensas por un momento que Jesucristo es algo más que tu propia maravillosa imaginación humana, tienes el falso Jesucristo. Esto puede parecer sacrílego, blasfemo, pero te digo lo que sé por experiencia. Un día se despertará en ti y se despertará en ti como tú. Entonces conocerás la verdad. Ya no lo buscarás como si viniera de afuera. Solo puede despertar desde dentro. Él ya está en ti y está sepultado en ti. La crucifixión ha terminado. Como dijo Pablo:

"Con Cristo he sido crucificado, y ya no soy yo el que vive, sino que Cristo vive en mí; y la vida que ahora vivo en la carne, la vivo por la fe en el hijo de Dios, el cual me amó y se entregó a sí mismo por mí". (Gálatas 2:20)

Literalmente, él se convirtió en mí, tal como soy yo, con todas mis debilidades, todas mis limitaciones. Él asumió todas estas cosas y me atiende con la misma rapidez, e indiferentemente, cuando la voluntad en mí es mala como cuando es buena. En las Escrituras se nos dice que él se convirtió en esclavo, y este cuerpo físico es la vestimenta de un esclavo. Él tomó sobre sí mismo la vestimenta de un esclavo, se despojó de todo lo que realmente es, y tomó sobre sí mismo la vestimenta de un esclavo. Este cuerpo es la vestimenta de un esclavo, porque te esclaviza. Tienes que alimentarlo, bañarlo, lavarlo y realizar todas las funciones normales y naturales de ese cuerpo. No importa cuánto dinero tengas en el mundo; no puedes pagar ninguna suma de dinero a otro para que realice las funciones naturales por ti. No te gusta hacerlas por ti mismo. Entonces, este es un esclavo, la vestimenta que usa. Y un día te lo quitarás, cuando él despierte dentro. Luego él se lo quitará y regresará a la prenda que era suya "antes de que el mundo fuera". Y se te dice en las Escrituras, que cuando lo hace, él transforma mi humilde forma para que sea Una con su forma gloriosa. No intentes ni siquiera concebir cuál es esa forma. No es este cuerpo en absoluto. No tiene nada que ver con las debilidades y limitaciones de esta prenda de carne. Es fuego —podría llamarlo así. Es humano, te lo garantizo, al menos lo son el rostro, la voz y las manos. Pero no intentes ni siquiera concebir el cuerpo mismo; solo sé por experiencia que es un ser ardiente de la noche. Ese es el Ser que es.

Dondequiera que estés, vestido con ese cuerpo, es el cielo. En ese cuerpo, si caminas por el Bosque Petrificado, estallará en follaje. Si estuvieras en el desierto, florecería como la rosa. De modo que el cielo no es un lugar, no es un área o un reino; es el cuerpo que llevas. Dondequiera que vayas vestido con ese Cuerpo, todo es perfecto. Cuando no estás vestido con él, es como Milton hizo decir a su Satán:

"Por donde vuelo es el infierno;

yo mismo soy el infierno".

(Milton, "Paraíso Perdido")

Dondequiera que estés con esta vestimenta —la vestimenta de Cristo— dondequiera que vayas, es perfecto. No hay nada inarmónico dondequiera que estés.

Eso me sucedió en 1946, estaba cruzando el Mar del Caribe camino a Mobile, Alabama, y repentinamente este movimiento tuvo lugar dentro de mi cabeza y me encontré realmente vestido con esta hermosa prenda de luz. En ese momento pensé que había vencido a la muerte y un coro celestial cantaba: «Neville ha resucitado, Neville ha resucitado».

Luego, vi este mar infinito de imperfección humana y supe que me estaban esperando. Me deslicé, no caminé, simplemente me deslicé. Y cuando llegué a esta enorme multitud, los ciegos, los sordos, los cojos, cada uno de ellos se transformó en un ser perfecto. Los ojos que faltaban salieron de la nada y llenaron las cuencas vacías. Los brazos que faltaban salieron de la nada y todos eran perfectamente maravillosos. Sin embargo, no levanté un dedo para que fuera así, no mostré ninguna compasión. Nadie me pidió nada. Ya que la perfección estaba en su plenitud dentro de mí, cuando yo pasaba todo en mi mundo tenía que ser perfecto. Y cuando llegué al final, ese mismo grupo coral que comenzó cantando mi alabanza: «Neville ha resucitado, Neville ha resucitado», cuando llegué al final, se regocijó y cantó: «Consumado está». Y en ese momento me cristalicé y volví a este pequeño cuerpo que estaba en la litera del barco.

Todo eso fue tan vívido en el ojo de mi mente. Yo tenía un manuscrito que habría sido un libro de aproximadamente trescientas páginas. Lo rompí, lo tiré a la basura y escribí el pequeño librito llamado "La búsqueda", basado en esa experiencia. Sucedió de la nada.

Entonces, por mi propia experiencia sé que cuando estés vestido con esa prenda, como lo estarás un día, estás en el Cielo. Es tu cuerpo celestial. No puede morir. Es tu Ser Inmortal. Estés donde estés, es perfecto. Si fueras al infierno, el infierno dejaría de ser infierno y sería el cielo. Dondequiera que vayas todo se transforma en armonía con la Perfección que está surgiendo dentro de ti.

Por lo tanto, el cielo no es un reino, como hablan nuestros evangelistas. Fui a una fiesta el sábado pasado y este hombre —un caballero jubilado— los ha estudiado a todos. Los tiene todos catalogados; el Nº3, Nº5, Nº2, Nº7; él tiene millones que nunca irán al cielo. Él tiene un peculiar concepto en el ojo de su mente. Todo está allí. Entonces, esta dulce dama con sus dos niñas pequeñas —presumo que una de cinco meses, y la otra, me atrevería a decir, un año y medio— dulces niñitas, y él le dijo a ella, incluidos a los dos de nosotros que estamos aquí esta noche, un caballero aquí, él estaba conmigo y sabe exactamente lo que dijo. Nadie le había preguntado nada, pero él dijo:

—"Sabes, tengo la virilidad y la vida sexual de un joven de dieciocho años y medio".

La madre de estas dos niñitas, muy inocentemente le dijo:

—"Pero te ves tan viejo".

¡Qué silencio! Un silencio sepulcral. Nadie había tenido el coraje de decirle a ese hombre antes: "¿Por qué te ves tan viejo si eres esa cosa viril de la que hablas?" Entonces, por supuesto, se levantó y se marchó.

La gente va por este maravilloso mundo nuestro con los más extraños conceptos sobre el cielo y el infierno. Todo está dentro del individuo. Cuando estás vestido con esta maravillosa prenda, y hablo por experiencia propia, todo es perfecto. Olvídate del llamado segundo cielo, tercer cielo, cuarto cielo, simplemente olvídalo. Estás vestido con esa prenda; la prenda es perfecta y dondequiera que vayas, es perfecta. No hay infierno cuando estás vestido con esa prenda. No hay lugar para ello. Ningún hombre podría ser ciego en tu presencia. A ningún hombre le podría faltar un brazo en tu presencia. Nada podría ser imperfecto en presencia del Perfecto. ¡Tú eres la vida misma! Eres la Resurrección y la Vida. Tú resucitas todas las cosas, sí, el Bosque Petrificado no estará petrificado en tu presencia. Todo florecerá. El desierto comenzaría a florecer si entras en él. ¡Eso es el cielo!

De modo que no tienes que ir a ningún lugar. Simplemente tienes que ser revestido. Se nos dice: "Él transformará nuestros frágiles cuerpos para que sean de una forma con su Cuerpo Glorioso", que es el Cuerpo de Cristo.

Así que, aquí esta noche, tómame en serio y reconoce que tu propia maravillosa imaginación humana es el Cuerpo Divino del Señor Jesús. Ahora, intenta usarla con amor cada vez que la uses; la estás usando mañana, tarde y noche, seas consciente o no de ello. Siempre que tengas duda, haz aquello que contenga amor, entonces habrás hecho lo correcto. Siempre que tengas dudas sobre lo que debes hacer, haz lo que sea de amor, y será lo correcto.

Permítame ahora reunirlo todo. Si esta noche sabes lo que te gustaría ser, pero no eres esa persona, no te desesperes. Sé honesto contigo mismo y pregúntate: ¿Qué me gustaría ser? ¿Qué tipo de ingresos me gustaría tener? ¿Dónde me gustaría vivir? No hagas estas cosas basándote en lo que crees que eres capaz de hacer, solo en qué te gustaría ser. Luego, atrévete a asumir que lo eres y observa el mundo desde esa asunción. Atrévete a asumirlo y luego mira el mundo desde allí; intenta darle viveza sensorial y los tonos de la realidad.

Cree lo que te dije: La visión que has hecho tan real en el ojo de tu mente tiene su propia hora señalada, definitivamente, a su debido tiempo, aparecerá en tu mundo de una manera que conscientemente no conoces. Construirá el puente de incidentes, el puente sobre el cual caminas hacia su cumplimiento.

Ahora,

Entremos en el Silencio.

www.ingramcontent.com/pod-product-compliance
Lightning Source LLC
Chambersburg PA
CBHW031958040426
42448CB00006B/409